Erst in allerjüngster Zeit hat die Hirnforschung eine Entdeckung gemacht, die unser gegenwärtiges Bild von uns selbst zutiefst erschüttert:

Unser Gehirn wird nicht so, wie es unsere genetischen Anlagen vorschreiben. Es lässt sich auch nicht wie ein Muskel trainieren. Es ist viel einfacher.

Unser Gehirn wird von ganz allein so, wie und wofür wir es mit Begeisterung benutzen. Dass sich Menschen für alles Mögliche begeistern können, haben sie zu allen Zeiten immer wieder bewiesen, oft genug mit fragwürdigen Folgen. Menschen können aber auch ihre Begeisterungsfähigkeit verlieren, sogar kollektiv. Dann funktioniert ihr Hirn zwar noch, aber es entwickelt sich nicht mehr weiter. Statt Potenzialentfalter, die sie sein könnten, bleiben solche Menschen dann nur Ressourcennutzer und Besitzstandwahrer. Immer neue Krisen, Burn-out, Depressionen und Demenzen werden dann zu Symptomen einer festgefahrenen Kultur.

Gerald Hüther plädiert deshalb für einen Wechsel von einer Gesellschaft der Ressourcenausnutzung zu einer Gesellschaft der Potentialentfaltung. Aus der Sicht des Neurobiologen zeigt er eindrucksvoll, wie es uns gelingen kann, aus dem, was wir sind, zu dem zu werden, was wir sein können.

Dr. rer. nat. Dr. med. habil. Gerald Hüther, geb. 1951, ist Professor für Neurobiologie an der Psychiatrischen Klinik der Universität Göttingen. Zuvor, am Max-Planck-Institut für experimentelle Medizin, hat er sich mit Hirnentwicklungsstörungen und mit der langfristigen Modulation monoaminerger Systeme beschäftigt; als Heisenbergstipendiat hat er ein Labor für neurobiologische Grundlagenforschung aufgebaut. Gerald Hüther ist der Autor zahlreicher Bestseller, darunter »Biologie der Angst« (9. Aufl.), »Bedienungsanleitung für ein menschliches Gehirn« (9. Aufl.), »Die Evolution der Liebe« (6. Aufl.) und zuletzt »Männer: Das schwache Geschlecht und sein Gehirn«.

Weitere Informationen, auch zu E-Book-Ausgaben, finden Sie bei
www.fischerverlage.de

Gerald Hüther   Was wir sind und was wir sein könnten

Ein neurobiologischer Mutmacher

FISCHER
Taschenbuch

4. Auflage: Februar 2014

Erschienen bei FISCHER Taschenbuch
Frankfurt am Main, März 2013

Druck und Bindung: CPI books GmbH, Leck
Printed in Germany
ISBN 978-3-596-18850-5

Inhalt

Was wir sind und was wir sein könnten

Einstieg

Manchmal kann ich richtig spüren, wie gern ich lebe, und dann fange ich an zu staunen. Es gibt so vieles, worüber man nur ehrfürchtig innehalten und sich nicht genug wundern kann. Es ist ein Wunder, dass unser blauer Planet als lebendige Insel in der unvorstellbaren Weite des Weltalls überhaupt entstehen konnte. Die ungeheure Vielfalt der Lebensformen, die die Evolution des Lebendigen auf unserer Erde hervorgebracht hat, ist genauso unfassbar. Und über uns selbst und über das, was in so relativ kurzer Zeit aus uns geworden ist, kann man sich auch nur wundern. Kaum einhunderttausend Jahre ist es her, als sich die ersten Vertreter unserer Spezies auf den Weg gemacht haben. Inzwischen sind wir überall auf der Erde unterwegs, wir sind sogar auf dem Mond gewesen. Und dabei entdecken und gestalten wir nicht nur unsere äußere Welt. Wir fangen auch an, uns selbst immer besser zu verstehen. Unser Leben ist ein Erkenntnisprozess. Inzwischen sind wir erstaunlich weit vorangekommen auf diesem Weg der Erkenntnis. Niemand weiß, wohin er uns führen wird. Aber wenn wir aufhörten, ihn weiter zu gehen, wenn wir irgendwann aufhörten, Suchende zu sein, weil wir meinen, alles zu wissen und alles verstanden zu haben, dann hätten wir das größte Wunder verloren, das wir alle mit auf die Welt gebracht haben: unsere Entdeckerfreude.

Zum Glück brauchen wir unsere Entdeckungsreise durch das Leben nicht immer wieder ganz von vorn zu beginnen. Sie beginnt auch nicht irgendwo, sondern genau in der Welt, die uns vorangegangene Generationen als Ergebnis ihrer Versuche hinterlassen haben, eine Welt zu schaffen, in der es keine Probleme mehr gibt und alles besser werden sollte. Nicht alles, was sie uns dabei vererbt haben, ist heutzutage noch hilfreich. Auf manches könnten wir gern verzichten, und viele dieser Hinterlassenschaften bereiten uns heute weitaus größere Probleme, als das unsere Vorfahren damals absehen konnten oder wollten. Aber was wäre das für ein Leben, wenn alles schon so wäre, wie wir es uns wünschen? Dann gäbe es morgen keine Überraschungen und übermorgen keine Enttäuschungen mehr. Dann brauchten wir selbst nichts mehr zu tun und es gäbe für uns nichts mehr, um das wir uns noch kümmern könnten. Dann hätten wir das andere große Wunder verloren, das wir alle mit auf die Welt gebracht haben: unsere Gestaltungslust.

Glücklicherweise sind unsere Probleme immer noch groß genug, und verstanden haben wir noch längst nicht alles. Deshalb sind wir auch noch immer entdeckend und gestaltend unterwegs. Genauso wie alle lernfähigen Tiere. Allerdings mit einem entscheidenden Unterschied: Wir haben ein größeres Gehirn, mit dem wir uns mehr merken können. Aber was noch wichtiger ist: Wir können unsere Erfahrungen, unser Wissen und all die vielen zum Teil so schmerzvoll erworbenen Erkenntnisse darüber, worauf es im Leben ankommt, an andere Menschen, vor allem an unsere Kinder weitergeben. Von Generation zu Generation haben Menschen so ihr Wissen und Können, ihre Fähigkeiten und Fertigkeiten überliefert. Auch wenn dabei immer wieder vieles von diesem gemeinsam generierten und überlieferten Wissensschatz verloren gegangen ist, so hat sich dieser Schatz doch ständig erweitert. Noch nie haben Menschen so viel gewusst und so viel vermocht wie wir heute.

Je erfolgreicher wir aber unsere Welt mit all diesem Wissen nach unseren Vorstellungen verändern, desto unausweichlicher werden auch wir selbst, wird auch unsere eigene Entwicklung von diesem Veränderungsprozess erfasst. Nie zuvor in der Menschheitsgeschichte sind in so kurzer Zeit solch dramatische und globale Umwälzungen der bisherigen Lebensbedingungen ausgelöst worden wie gegenwärtig von uns. Zwangsläufig werden nun auch wir selbst uns auf eine bisher nie dagewesene Weise verändern. Das macht ein bisschen Angst, denn wir wissen ja nicht, was dabei aus uns wird.

Dass mehr in jedem einzelnen Menschen steckt als das, was bisher aus ihm, also auch aus Ihnen oder mir, geworden ist, haben wir wohl schon immer geahnt. Sie brauchen sich ja nur kurz vorzustellen, Sie wären als kleiner Inuit am Polarkreis oder als Amazonasindianerin im tropischen Regenwald aufgewachsen. Oder meinetwegen auch hier bei uns als Kind einer arbeitslosen, alleinerziehenden Mutter oder einer wohlsituierten Akademikerfamilie. Vielleicht auch bei Eltern, die gar kein Deutsch können, womöglich sogar weder Lesen noch Schreiben gelernt haben. Überall wäre aus Ihnen oder mir etwas geworden. Aber jedes Mal eben etwas anderes. Je nachdem, in welchem Kulturkreis und unter welchen Bedingungen wir aufgewachsen wären, hätten wir ganz bestimmte der in uns angelegten Möglichkeiten besser entfalten können als andere.

Und wir hätten dann auch ein anderes Gehirn bekommen. Je nachdem, ob wir in eine komplexere oder eine weniger komplexe Lebenswelt hineingewachsen wären, und in Abhängigkeit davon, wie gut oder weniger gut wir es geschafft hätten, uns in dieser Welt zurechtzufinden, diese Welt zu verstehen und uns selbst als Gestalter dieser Welt zu erfahren, wären auch mehr oder weniger komplexe neuronale und synaptische Verschaltungsmuster in unserem Gehirn stabilisiert worden.

Genau das ist ja die wesentliche Erkenntnis, die die Hirnforscher in den letzten Jahren zutage gefördert haben: Unser Gehirn wird so, wie und wofür wir es besonders gern und deshalb auch besonders intensiv benutzen. Es muss also auf uns selbst zurückwirken, wenn wir unsere eigene Lebenswelt und damit auch die Lebenswelt unserer Kinder immer stärker verändern. Und wenn die Hirnforscher recht haben, müssen wir davon ausgehen, dass sich solche Veränderungen entweder günstiger oder auch ungünstiger auf die Entfaltung der in uns und in unseren Kindern angelegten Potentiale auswirken und zur Herausformung komplexer oder weniger komplex vernetzter Gehirne führen.

»Der Übergang vom Affen zum Menschen, das sind wir«, hatte uns Konrad Lorenz ja schon vor einigen Jahrzehnten ins Stammbuch geschrieben. Er hat nicht gesagt, wie weit wir auf diesem Weg zu dem, was wir werden könnten, bereits vorangekommen sind. Und wenn man nach wissenschaftlichen Befunden sucht, die uns Auskunft darüber geben, wie es in uns, vor allem in unseren Gehirnen aussieht und wie es künftig mit uns weitergehen wird, so findet man leider nur sehr wenig, was darauf hindeutet, dass wir diesen Übergang aus eigener Kraft schaffen könnten. Einen freien Willen haben wir nicht, unsere aus der Steinzeit mitgebrachten Verhaltensweisen lassen sich auch nicht unterdrücken, unser Unbewusstes treibt uns vor sich her, und unser Ich hat keine Ahnung davon, wer es ist, geschweige denn wie viele. Hormone steuern unsere Gefühle, und die vernebeln uns den Verstand. Das Einzige, was sich mit hoher statistischer Sicherheit voraussagen lässt, ist, dass wir im Durchschnitt, je älter wir werden, auch umso häufiger depressiv oder dement werden. Na prima. Angesichts dieser wissenschaftlichen Erkenntnisse bleibt einem ja auch gar nichts anderes übrig.

Glücklicherweise gibt es aber auch noch andere wissenschaftliche Befunde. Die weisen in eine ganz andere Richtung. Von denen hört man aber nicht so oft in den Medien. Die lassen sich nicht gut vermarkten, denn sie beschreiben nicht, was an uns alles so schrecklich ist und weshalb so viele von uns so oft im Leben scheitern. Sie erzählen eher viele kleine Beispiele, die es überall in unserem Land gibt, die nicht nur zeigen, dass es möglich ist, sondern auch wie es gelingen kann, unsere eigene Lebenswelt und damit auch die unserer Kinder so zu gestalten, dass es in Zukunft immer etwas besser möglich wird, das wunderbare menschliche Potential zur Entfaltung zu bringen, das in uns allen angelegt, in jedem von uns verborgen ist.

Gern lade ich Sie in diesem Buch ein, gemeinsam mit mir herauszufinden, wie das auch bei Ihnen zu Hause, in der Schule Ihrer Kinder, in Ihrem Wohngebiet oder in Ihrer Firma gehen kann. Wonach wir dabei suchen müssten, ist nicht das Geheimnis des Erfolgs. Um in unserer gegenwärtigen Welt erfolgreich zu sein, braucht man weder seine menschlichen Potentiale zu entfalten, noch muss man beim Übergang vom Affen zum Menschen besonders weit vorangekommen sein. Falls Sie bis eben noch gehofft hatten, in diesem Buch Hinweise zu finden, wie Sie die Erkenntnisse der Neurobiologie nutzen können, um Ihr Leben, Ihre Beziehungen zu anderen Menschen, die Erziehung Ihrer Kinder oder Ihre berufliche Entwicklung in Zukunft noch erfolgreicher zu gestalten als bisher, dann schlagen Sie es jetzt lieber wieder zu. Stellen Sie es einfach in eine sehr entlegene Ecke Ihres Bücherregals. Vielleicht holen Sie es später noch einmal hervor, wenn Sie bemerkt haben, wie leicht man auf der ständigen Suche nach Erfolg in seinem eigenen Leben genau das übersieht, was ein gelingendes Leben ausmacht: Man kann es nicht »machen«, und es geht nicht allein.

Wonach wir also in diesem Buch suchen wollen, ist nicht das Geheimnis des Erfolgs, sondern das Geheimnis des Gelingens. Das Besondere an diesem Geheimnis des Gelingens besteht darin, dass man es nicht beschreiben oder erklären kann. Es muss sich, so altmodisch es klingt, offenbaren. Das heißt, dass es immer und überall da ist und wirksam wird, unabhängig von uns und unserem Zutun. Wenn es nicht so wäre, gäbe es weder unseren wundervollen Planeten noch das Leben in all seiner Vielfalt und Fülle, so wie es sich auf unserer Erde entwickelt hat. Und uns selbst mit unserem zeitlebens erkenntnisfähigen Gehirn gäbe es dann auch nicht. Das Geheimnis des Gelingens wirkt also unabhängig davon, ob wir es erkennen oder gar verstehen. Und wir können es auch nicht erzwingen, dass etwas gelingt. Deshalb ist es so ziemlich die verrückteste Idee, auf die man überhaupt kommen kann, ein Buch über etwas zu schreiben, was sich gar nicht beschreiben lässt, was sich nur mit etwas Glück – oder, um auch hier wieder ein altmodisches, aber passendes Wort zu gebrauchen, mit Gnade – dem offenbart, der offen dafür ist, es zu erspüren.

Das kann freilich nur dann gelingen, wenn wir nicht gleich nach Antworten und fertigen Rezepten suchen. Vielleicht müssten wir uns Fragen stellen. Und das müssten Fragen sein, die uns selbst dazu bewegen, durch eigenes Nachdenken und aufgrund unserer eigenen Erfahrungen nach Antworten zu suchen. Wir müssten zudem versuchen, uns dabei nicht von unseren bisherigen Vorstellungen, sondern lieber von unserer Vorstellungskraft leiten zu lassen. Und wir sollten uns schließlich an jeder Stelle unserer Entdeckungsreise kritisch fragen, ob die Antworten, die wir gefunden haben, nicht nur durch unsere eigenen Erfahrungen, sondern auch durch die aller anderen Menschen, die wir kennen und die uns nahestehen, bestätigt werden. Ich weiß nicht, ob es gelingt, aber ich lade Sie ein, es gemeinsam mit mir zu versuchen ...

1. Wer ist »Wir«?

Wen meinen wir eigentlich, wenn wir »Wir« sagen? Und warum gehören zu diesem »Wir« manche dazu und andere nicht? Was zeichnet diejenigen aus, denen wir uns zugehörig fühlen? Was verbindet uns mit ihnen? Was trennt uns von den anderen? Könnte sich das auch verändern? Und wenn ja, wie? Und könnten es vielleicht auch immer mehr andere Menschen werden, die wir meinen, wenn wir »Wir« sagen?

Um der Frage nachgehen zu können, was wir sind und was wir sein könnten, brauchen wir eine Vorstellung davon, wen wir eigentlich meinen, wer dieses »Wir« ist, wer dazugehört und wer nicht. Wir müssen also eine Grenze finden, die definiert, wo unser tagtäglich so salopp dahergesagtes »Wir« beginnt und wo es aufhört.

Wenn wir »Ich« sagen, wissen wir meist recht gut, wen wir damit meinen, wo dieses »Ich« anfängt und wo es aufhört. Im Temporallappen unseres Gehirns gibt es eine Region mit sehr komplexen neuronalen Netzwerken, in denen all die vielen Eingänge verarbeitet werden, die von den Rezeptoren unserer Körperoberfläche zum Gehirn weitergeleitet werden. Deshalb wissen wir zu jedem Zeitpunkt normalerweise sehr genau, wo unser »Ich« zu Ende ist und die Welt außerhalb des eigenen Körpers beginnt. Wir wissen das auch dann, wenn es uns nicht bewusst ist. Die eigene Körpergrenze wird uns aber wieder sofort in Erinnerung gebracht und ins Bewusstsein gerufen, wenn wir mit diesem eigenen Körper irgendwo, z. B. mit dem Kopf an einen Balken angestoßen sind. »Ich Trottel«, sagen dann die meisten Erwachsenen still vor sich hin. Die kleinen Kinder sagen noch laut »blöder Balken«, weil ihre Vorstellung vom eigenen »Ich« und seinen Grenzen noch nicht so fest im Hirn einzementiert ist. Sie wachsen ja auch noch, so dass die Netzwerke zur Registrierung der eigenen Körpergrenzen im Temporallappen manchmal nicht so schnell hinterherkommen.

Im erwachsenen Zustand kann man diesen Lappen gelegentlich überlisten oder ausschalten, so dass man nicht mehr weiß, wo man zu Ende ist. Ausschalten ist einfacher. Dazu muss man nur eine Pille nehmen, die einen Wirkstoff enthält, beispielsweise einen Serotoninrezeptoragonisten, der diese Verarbeitungsprozesse im Frontallappen hemmt. Der hemmt zwar auch noch einiges andere im Hirn, aber manchmal hat man auf so einem LSD- oder Psilocybin-Trip offenbar ein Gefühl, als würde man nirgendwo aufhören und mit allem verbunden sein. Spezifischer und nebenwirkungsfreier lässt sich der Temporallappen hemmen, indem man sich in eine kosmische Verbundenheit hineinmeditiert. Dann nutzt man die Netzwerke ein Stockwerk höher, im Frontallappen, um sich selbst zu definieren. Und die sagen dann, wenn sie stark genug sind, dem Temporallappen, dass man eben nicht dort aufhört, wo er es meint. Dass muss man aber ziemlich lange üben. Das kann nicht jeder.

Was jeder heutzutage sehr gut kann, ist innerhalb seiner jeweiligen Körpergrenze zu bleiben, den Temporallappen also voll aktiv zu halten und sich dennoch dabei als jemand zu erleben, der mal dieser und mal jener sein kann, nach dem Motto »Wer bin ich und wenn ja, wie viele?« Wie das hirntechnisch funktioniert, ist mir noch nicht ganz klar, aber es kann ja auch einfach nur eine Einbildung sein. Es gibt sogar Menschen, die sich einbilden, sie seien ganz jemand anders. Oder ihr Arm oder ihr Bein würde nicht zu ihnen gehören.

Wenn wir nach diesem kleinen Ausflug in die Unbestimmtheit des »Ichs« wieder zum Ausgang unserer Überlegungen zurückkehren, so stellt sich die Frage, ob und woher wir wissen, wen wir meinen, wenn wir »Wir« sagen. Wo das »Ich« aufhört, ist für jeden einigermaßen klar, der nicht unter Drogen steht oder gerade meditierend transpersonal unterwegs ist oder einen epileptischen Anfall im Temporallappen hat. Aber die andere Frage: »Wer sind wir und wenn ja, wie viele?«, ist jetzt wirklich eine aus neurowissenschaftlicher Perspektive sehr spannende und sehr berechtigte Frage.

Anders als beim »Ich« fangen wir erst an, uns zu begreifen. Wir haben uns weit voneinander entfernt und dabei manchmal vergessen, dass wir miteinander verbundene, voneinander abhängige und aneinander wachsende Einzelwesen sind. Jetzt finden wir allmählich unsere gemeinsamen Wurzeln wieder und beginnen ganz langsam zu verstehen, dass wir alle mit den gleichen Bedürfnissen, Hoffnungen und Ängsten unterwegs sind, alle Menschen, überall auf der Welt. Das ist neu. Das gab es so, in dieser globalen Weise, noch nie. Das ist der Aufbruch in ein neues Zeitalter. »Wieder einmal ...« werden Sie vielleicht jetzt denken und dabei vor Augen haben, wie viele solcher Aufbrüche wir schon hinter uns haben. Aber möglicherweise hat das, was wir gegenwärtig erleben, eine andere Qualität.

Vielleicht dauert es tatsächlich gar nicht mehr so lange, bis sich kaum noch jemand daran erinnern kann, dass es einmal eine Zeit gab, in der die Menschen, wenn sie »wir« sagten, nicht alle Menschen meinten, die unseren Planeten bevölkern. Sind wir nicht längst schon mittendrin in diesem Prozess der Auflösung historisch gewachsener Grenzen zwischen menschlichen Gemeinschaften? Dann freilich würden wir gegenwärtig den wohl bedeutsamsten Bewusstwerdungsprozess erleben, den Menschen je durchlaufen haben. Er ist zwar schon seit Jahrhunderten an verschiedenen Stellen und auf verschiedenen Ebenen in Gang. Aber noch nie zuvor in einem solch globalen Ausmaß und mit einer solchen Beschleunigung. Diesmal hat auch niemand diesen Prozess des Zusammenwachsens, der Ausbildung dieses neuen Wir-Gefühls und dieses neuen Wir-Bewusstseins gemacht, angeordnet oder organisiert. Er läuft von ganz allein so ab. Man kann ihn wohl an manchen Stellen etwas beschleunigen oder verlangsamen. Aber aufzuhalten ist er nicht. Was hier passiert und was wir hier erleben, ist ein besonders anschauliches Beispiel für einen Selbstorganisationsprozess. Und der findet in unseren Köpfen statt. Weil wir neue Erfahrungen miteinander machen und weil diese neuen lebendigen Beziehungserfahrungen als neuronale und synaptische Beziehungsmuster in unseren Gehirnen verankert werden, bekommen wir auch entsprechend andere Gehirne. Damit können wir das »Wir« nicht nur anders denken, sondern auch anders fühlen.

Noch für unsere Urgroßeltern war es unvorstellbar, dass sich die Beziehungen allein zwischen den Völkern Europas irgendwann einmal so entwickeln würden, wie das inzwischen geschehen ist. Und noch weniger hätten sie sich vorstellen können, dass sich die Gehirne von Menschen dadurch verändern, dass sie anfangen, einander kennenzulernen, sich auszutauschen, voneinander zu lernen und miteinander Probleme zu lösen. Wenn sie damals »Wir« sagten, dann meinten sie zwar das Gleiche wie wir heute, nämlich dass man sich selbst als Teil einer Gemeinschaft versteht, zu der man sich bekennt, zu der man gern dazugehört, in der man einander so gut wie möglich hilft, Probleme zu lösen und Bedrohungen abzuwenden. Aber damals, zu unserer Urgroßeltern Zeiten, war der Kreis derjenigen, die sie meinten, wenn sie »Wir« sagten, eben doch noch sehr beschränkt. Hinter der Landesgrenze war für die meisten Schluss mit dem Wir-Bewusstsein. Bei manchen auch schon im Nachbardorf. Und bei einigen bereits hinter dem eigenen Gartenzaun. Dort lebten dann bereits die anderen. Und die gingen einem auf die Nerven, die betrachtete man als Konkurrenten, als Störenfriede und manchmal sogar als mit allen Mitteln zu bekämpfende Feinde.

Blut ist nicht dicker als Tinte

Die Soziobiologen würden jetzt argumentieren, dass wir uns wegen unserer egoistischen Gene sowieso nur dann gegenseitig unterstützen, wenn wir möglichst eng miteinander verwandt sind oder wenn es uns für unser Überleben oder für unsere Vermehrung irgendeinen Vorteil bringt, sich um einen anderen Menschen zu kümmern. Deshalb seien es immer die Mitglieder von Familienclans, die besonders eng zusammenhalten. Je intensiver sich dort jeder um den anderen kümmert, ihm in Gefahren beisteht und ihm hilft, seine Kinder großzuziehen, desto größer werde die Chance für seine egoistischen – auch in seinen Blutsverwandten vorhandenen – Gene, sich auszubreiten.

Die Realität sieht allerdings in sehr vielen Familien etwas anders aus. Und selbst wenn in der Natur gelegentlich zu beobachten ist, dass ein Löwenmännchen die noch von seinem Vorgänger gezeugten Jungen totbeißt, so heißt das noch lange nicht, dass jeder Mann die Kinder umbringt, die seine Frau aus erster Ehe mitgebracht hat. Und was für egoistische Gene sollten gar homosexuelle Partner dazu bewegen, ein ganzes Leben zusammenzuleben und sich gegenseitig auf eine oftmals liebevollere Weise umeinander zu kümmern, als das bei manchen heterosexuellen Paaren der Fall ist? Und was bringt Menschen nicht nur aus verschiedenen Familien, sondern oft sogar aus unterschiedlichsten Kulturen dazu, sich zusammenzuschließen und sich gemeinsam, mit einem starken Wir-Gefühl und Wir-Bewusstsein, für irgendetwas, das ihnen wichtig ist, auf den Weg zu machen?

Was sie zusammenbringt und zusammenhält, ist weder das dicke verwandtschaftliche Blut noch die dünne Tinte gemeinsam unterschriebener Absichtserklärungen, sondern ein Gefühl.

Not schweißt nur zusammen

Oft ist es die Not und das Elend, manchmal in Form von Hunger oder Kälte, was Menschen unterschiedlichster Herkunft dazu bringt, sich zu einer Gemeinschaft zusammenzuschließen. Solche Notgemeinschaften halten extrem gut zusammen, und ihre Mitglieder entwickeln ein sehr starkes Wir-Gefühl. Sie leisten bisweilen Übermenschliches, in Kriegs- und Wiederaufbauzeiten beispielsweise oder nach Naturkatastrophen. Hier geht es oftmals um das pure Überleben. Deshalb stellen die Einzelnen, solange die gemeinsame Bedrohung anhält, ihre eigenen Interessen zurück. Neurobiologisch handelt es sich bei dieser Bereitschaft, sich in Notfällen mit anderen zusammenzuschließen, um eine Bewältigungsstrategie zur Überwindung des Gefühls von Ohnmacht, Hilflosigkeit und Überlebensangst. Der Zusammenschluss ist eine Reaktion, nichts Freiwilliges. Ohne Not hätten die betreffenden Menschen dieses Wir-Gefühl nicht entwickelt, und wenn die Not, die gemeinsame Gefahr, das gegenwärtig herrschende Elend einigermaßen überwunden ist, zerfällt eine solche Gemeinschaft meist rascher, als man das angesichts der Stärke des Zusammenhalts im Zustand der vorher noch herrschenden Not für möglich gehalten hätte. Was eben noch wie ein »Wir-Gefühl« aussah, erweist sich jetzt als äußerst schnell vergänglich. Das Wir-Bewusstsein der Mitglieder solcher Not- und Zwangsgemeinschaften ist in ihrem Gehirn nur in der engen Kopplung mit der erlebten Not verankert. Wenn die Not vorbei ist, lässt es sich nur noch durch die Erinnerung an die gemeinsam überstandene Not vorübergehend wieder wachrufen. An Gedenktagen beispielsweise.

Angst wirkt noch stärker als Not

Angst ist noch schlimmer für uns Menschen auszuhalten als Not und Elend. Und Angst kann sich in einer menschlichen Gemeinschaft auch dann ausbreiten, wenn dort weder Not noch Elend, ja noch nicht einmal irgendeine existentielle Bedrohung herrscht. Angst vor Inflation beispielsweise oder vor der Schweinepest oder vor Terroristen. Not und Elend sind klar beschreibbare, objektiv vorhandene, sichtbare und messbare Probleme, in die eine Gemeinschaft hineingeraten, von denen sie beherrscht werden kann. Aber Angst ist immer subjektiv, ist immer das Resultat einer subjektiven Bewertung. Und wie ein einzelner Mensch eine bestimmte Situation bewertet, hängt davon ab, welche Erfahrungen er im Verlauf seines bisherigen Lebens mit diesen und ähnlichen Situationen gemacht hat. Deshalb haben manche Menschen keine Angst vor dem Gewimmel einer Großstadt oder der Reise mit einem Flugzeug oder der Fahrt auf einer Achterbahn oder dem Streit mit einem Vorgesetzten oder dem Versagen in einer Prüfung. Andere verfallen bereits in panische Angst, wenn wieder einmal gemeldet wird, dass eine neue Grippewelle im Anzug ist. Außerdem gibt es vieles, wovor Menschen Angst haben, oft ohne sich das selbst offen einzugestehen. Zum Beispiel davor, nicht von anderen gemocht, nicht von ihnen anerkannt zu sein oder aus einer Gemeinschaft ausgeschlossen zu werden. Vor allem in der Pubertät sind Jugendliche deshalb bereit, so ziemlich alles zu tun, nur damit sie zu einer Gruppe dazugehören können.

Wenn sich Menschen aus Angst zusammenschließen, so machen sie meist auch die sehr angenehme Erfahrung, dass sie dann weniger Angst haben und dass sie gemeinsam in der Lage sind, Probleme zu lösen, an denen jeder Einzelne von ihnen bisher gescheitert ist. So eine gemeinsame Erfahrung stärkt Menschen ungemein und erzeugt auch ein Wir-Bewusstsein, das selbst dann noch weiter stabil und abrufbar bleibt, wenn die Gefahr vorbei und die Angst überwunden ist.

Aber Achtung! Wenn diese gemeinsame Problemlösung darin besteht, dass man in einer kollektiven Anstrengung andere niedermacht, unterwirft und unterdrückt, so beraubt man sich dadurch der Möglichkeit, von diesen anderen etwas lernen zu können. Dann wächst man nicht über sich hinaus, sondern an diesen anderen vorbei. Und das auch nur so lange, bis sich diese anderen wieder aufgerappelt und neue Techniken entwickelt und stärkere Verbündete gesucht haben.

Unsere Geschichtsbücher sind ein einziges leidvolles Zeugnis solcher kurzfristig erfolgreichen Feldzüge. Dort können wir auch nachlesen, wie Machthaber immer wieder versucht haben, Angst unter den Menschen ihres Einflussbereiches zu schüren, um ihnen anschließend genau das als Lösung zur Überwindung dieser Angst anzubieten, was ihren jeweiligen Interessen und ihrer Machterhaltung diente. Je verunsicherter Menschen bereits sind, desto besser gelingt diese Strategie. Man kann Menschen auf diese Weise nicht nur dazu bringen, kollektiv über diejenigen herzufallen, die von solchen Machthabern, ihren Wortführern und Meinungsmachern als gefährliche Feinde dargestellt werden. Mit der gleichen Strategie kann man ganze Gemeinschaften auch dazu bringen, vermeintliche Hexen zu verbrennen oder sogenannte Ungläubige zu unterwerfen. Und wie man Ängste schüren muss, um möglichst viele Abnehmer für Produkte zu finden, die angeblich gegen alle möglichen Gebrechen, gegen Falten und andere unheilbare Gefahren helfen, brauche ich hier nicht länger auszuführen.

Weil alle auf diese Weise und mit derartigen Absichten erzeugten Ängste nicht dazu führen, dass die Menschen eine gemeinsame, sie stärkende Erfahrung machen, stärken sie auch kein Wir-Gefühl.

Und ein Wir-Bewusstsein, das sich aus der gemeinsamen Vorstellung rekrutiert, dass man als Gemeinschaft von verängstigten Menschen am Ende machtlos bleibt und eine wirkliche Besserung nicht in Aussicht steht, ist wenig hilfreich, um über sich hinauszuwachsen. Abhilfe lässt sich dann auch nicht dadurch schaffen, dass man gemeinsam den Zustand beklagt, in den man gemeinsam hineingeraten ist.

Verbundenheit entsteht jenseits von Angst und Not

Fassen wir noch einmal bis hierher zusammen: »Wir« sagen wir auch dann, wenn wir uns mit anderen gar nicht verbunden fühlen, sondern mit ihnen nur ein Zweckbündnis zur Abwehr von Bedrohungen eingegangen sind. »Wir müssen jetzt gemeinsam ranklotzen, sonst kommen wir aus diesem Schlamassel nicht mehr heraus« – solche Angst- und Notgemeinschaften bilden Menschen immer dann, wenn sie auf unvorhergesehene, bedrohliche oder für sie in anderer Weise ungünstige Veränderungen ihrer bisherigen Lebenswelt reagieren müssen.

Erst wenn diese gemeinsame Anstrengung dazu führt, dass die Angst überwunden, die Not gemildert werden kann, haben die Mitglieder dieser Gemeinschaften eine neue, ihr Wir-Gefühl und ihr Wir-Bewusstsein stärkende Erfahrung gemacht. Ohne diese Erfahrung, gemeinsam mit anderen etwas besser als allein verstehen, etwas effektiver als allein gestalten, etwas sinnhafter als allein erfahren zu können, werden die Mitglieder einer menschlichen Gemeinschaft auch kein »Wir«-Bewusstsein entwickeln können.

Interessanterweise ist das keine wirklich neue Erfahrung, denn diese Erfahrung haben wir alle am Anfang unseres Lebens bereits gemacht. Gemeinsam mit der Mutter, später auch mit dem Vater, und schließlich auch gemeinsam mit allen anderen Menschen, bei denen wir aufwachsen, erlebt sich jedes Kind als eine Person, die individuell zwar jeden Tag ein bisschen mehr bewirken, verstehen, gestalten kann, die aber gleichzeitig in ihrem eigenen Erkenntnis- und Selbstentwicklungsprozess aufs Engste mit diesen anderen Personen verbunden ist. Ebenso wie jeder Erwachsene, lässt sich auch jedes Kind, indem es mit einem anderen, ihm wichtigen Menschen in eine lebendige Beziehung tritt, auf einen Prozess ein, in dessen Verlauf es immer mehr in und an dem anderen erkennt und entdeckt. Und weil man sich dabei ja selbst zu diesem anderen in Beziehung setzt, sich mit ihm vergleicht, sich in ihm spiegelt, sich in ihn hineinversetzt, kann man sich dabei auch selbst schrittweise und immer besser in diesem Gegenüber erkennen und entdecken. Je intensiver diese Beziehung zu diesem anderen Menschen ist, desto intensiver wird dieses Selbsterkennen. Allein kann das kein Mensch, als Kind nicht und auch nicht als Erwachsener. Immer bedarf es dazu dieser anderen Menschen als Gegenüber. Anfangs müssen das noch lebendige Personen sein, später reicht dafür das aus diesen Beziehungserfahrungen entstandene innere Bild, also die internalisierte Vorstellung der eigenen Beziehung zu diesen Menschen. Dann glaubt man zwar, dass man sich selbst fragt, wer man ist, aber aus sich selbst heraus kann man doch immer nur das zutage fördern, was einem andere Menschen bisher über einen selbst erfahrbar und erkennbar gemacht haben.

Dieses Sich-selbst-im-anderen-Erkennen beginnt während der frühen Kindheit. Deshalb ist das erste Wort, das man als kleines Kind auszusprechen lernt, nicht »Ich«, sondern die Bezeichnung für das Gegenüber, für das »Du« in Form von Mama und Papa oder Oma oder Opa. Erst wenn sich ein Kind lange genug und intensiv genug mit diesen anderen in Beziehung gesetzt, sich an ihnen orientiert, sich von ihnen abgegrenzt, in ihnen gespiegelt, sie beobachtet und imitiert hat, entdeckt es sich allmählich selbst als ein eigenständiges, von Mama und Papa verschiedenes Wesen. Dann sagt es seinen eigenen Namen, wenn es sich selbst im Unterschied zu den anderen meint. Und erst dann findet es irgendwann auch das Wort »Ich« für das, als was es sich selbst zu betrachten, als was es sich von anderen zu unterscheiden und abzugrenzen gelernt hat.

Während dieser gesamten Phase der Herausbildung eines Ich-Bewusstseins ist jedes Kind emotional aufs Engste mit all jenen erwachsenen Personen verbunden, die es auf diesem Weg begleiten. Es hat also ein sehr starkes Wir-Gefühl, lange bevor es »Ich« zu denken und zu sagen vermag. Anschließend vergehen noch Jahre, und oft erreichen Kinder das Alter ihrer Einschulung, bevor sie erstmals das Wort »Wir« verwenden, um damit zum Ausdruck zu bringen, dass sie sich einer bestimmten Gemeinschaft zugehörig, dass sie sich mit den Mitgliedern dieser Gemeinschaft verbunden fühlen. Die Herausbildung dieses Wir-Bewusstseins ist offenbar eine wesentlich komplexere Leistung als die vorangegangene Bewusstwerdung des »Ich«. Wenn man bei Erwachsenen aufwächst, die ein nur schwach entwickeltes Wir-Bewusstsein haben, wird es einem Kind entsprechend schwerfallen, dieses Wir-Bewusstsein zu entwickeln.

Dieses frühe kindliche Wir-Bewusstsein braucht ebenso wie das Ich-Bewusstsein, damit es sich herausbilden kann, die bewusste Unterscheidung der eigenen Gemeinschaft, also von anderen Familien, von anderen Altersgruppen, von anderen

Gemeinschaften. »Bei uns ist es anders als bei euch« wird dann zum Leitsatz dieses sich entwickelnden Wir-Bewusstseins. Und je stärker die anderen, vor allem die erwachsenen Mitglieder der kleinen ersten Wir-Gemeinschaft eines Kindes sich über das sie von anderen Gemeinschaften Trennende definieren, desto intensiver wird das Wir-Bewusstsein und nun auch zunehmend das Wir-Gefühl dieses Kindes durch all das bestimmt, was die eigene Gemeinschaft von anderen Gemeinschaften, was die eigene Familie von anderen Familien, die eigene Spielgruppe von anderen Spielgruppen nicht nur einfach unterscheidet, sondern trennt.

In einer Gesellschaft mit stark differenzierten Gemeinschaften, die sich in erster Linie durch Trennungen, Ausgrenzungen und gegenseitige Abwertungen definieren, ist die Wahrscheinlichkeit besonders hoch, dass auch die in diese unterschiedlichen, stark divergierenden Gemeinschaften hineinwachsenden Kinder und Jugendlichen ein Wir-Bewusstsein und ein Wir-Gefühl entwickeln, das sich in erster Linie durch die Abgrenzung von anderen Gruppen rekrutiert. Solchen Kindern und Jugendlichen fällt es dann meist ebenso schwer wie ihren Eltern, über den Tellerrand ihrer jeweiligen engen Gemeinschaften hinwegzuschauen, geschweige denn, sich mit diesen anderen verbunden und zugehörig zu fühlen.

Hinter'm Horizont geht's weiter

Wie stark auch die divergierenden Kräfte sein mögen, die eine Abtrennung und gegenseitige Ausgrenzung und Abwertung unterschiedlicher Gemeinschaften hervorbringen und aufrechterhalten, die angeborene Lust der Mitglieder dieser verschiedenartigen Gemeinschaften am eigenen Entdecken und Gestalten lässt sich niemals dauerhaft unterdrücken. Man kann

Menschen, vor allem junge Menschen, nicht daran hindern, sich selbst in der Welt umzuschauen und sich ein eigenes Bild davon zu machen, wer diese jeweils anderen hinter den Gartenzäunen, in den anderen Dörfern und Städten und den anderen Ländern und Kontinenten sind.

Es sind auch nicht nur die eigenen Kinder, die irgendwann alle Grenzzäune übersteigen und alle Gräben überspringen, die eine Gemeinschaft als Schutzschilder vor den anderen aufgebaut und ausgehoben hat. Es sind auch immer wieder einzelne Erwachsene, die sich auf den Weg machen und zu Musterbrechern und Grenzüberschreitern werden. Das sind vor allem diejenigen, die dem innerhalb einer Gemeinschaft herrschenden Anpassungsdruck entkommen, z. B. weil sie sich Freiräume geschaffen haben, in denen die Angst nicht mehr regiert, oder weil sie so viel eigene Kraft entwickelt haben, dass es ihnen gelingt, sich der Sogwirkung der in ihren jeweiligen Gemeinschaften aufrechterhaltenen Feind- und Selbstbilder zu entziehen.

Vor allem all jene Mitglieder dieser Gemeinschaften, die in besonderem Maß auf den Austausch mit Menschen aus anderen Gemeinschaften angewiesen sind, werden dann zu Vorreitern dieser Ausbruchs- und Öffnungsversuche. Vorneweg vielleicht die Künstler oder auch die Abenteurer und Entdecker, und nicht zuletzt – mit einer nicht aufzuhaltenden und alle Grenzen überschreitenden, Grenzen überwindenden und zersetzenden Entdeckungs- und Gestaltungslust – die Kaufleute und Händler. Heute sind das unsere global operierenden Unternehmer.

Und wenn diese beiden Kräfte zusammenfinden, also einerseits die jungen Leute mit ihrer angeborenen Entdeckerfreude und Gestaltungslust und andererseits die Entwickler, Hersteller und Vertreiber von Produkten, die für Menschen aller Herren Länder, aller Hautfarben und aller Kulturen besonders attraktiv sind, dann ist genau das nicht mehr aufzuhalten, was wir gegenwärtig erleben: die Auflösung aller bisher zum Zweck der Abgrenzung von den jeweils anderen Menschen innerhalb einer Gemeinschaft geschaffenen Strukturen. Dazu zählen nicht nur die Grenzzäune und Zollbeamten, sondern auch die zu eng gewordenen nationalen Verwaltungs-, Verteidigungs- und Lenkungssysteme. Bedeutungslos, und damit nicht länger gestärkt, sondern dem Zerfall preisgegeben, werden dann aber auch alle Überlieferungen und Rituale, alle Erziehungs- und Bildungsstile, also alle kulturellen und sozialen Konstrukte, die bisher dazu gedient hatten, die eigene Gemeinschaft von äußeren Einflüssen abzuschirmen und sie gegenüber anderen Gemeinschaften abzugrenzen. Genau das erleben wir gegenwärtig überall auf der Welt. Die bisher in Form von Familien, Vereinen, Parteien und Nationen entstandenen Gemeinschaften verlieren gegenwärtig in immer rasanterem Tempo das Korsett, das sie sich selbst über viele Generationen hinweg zum Schutz vor den anderen und zur Abgrenzung gegenüber anderen Gemeinschaften mit viel Eifer selbst gebaut und angelegt hatten.

Da kommt natürlich einiges durcheinander. Nicht nur innerhalb einer jeden, bisher mit diesem Korsett zusammengehaltenen Gemeinschaft. Auch auf der Ebene der bisherigen Beziehungen zwischen den auf diese Weise durcheinandergeratenen und zerfallenden Gemeinschaften. Familien, Vereine, Parteien und Regierungen wissen nicht mehr so recht, was sie voneinander zu halten haben und was sie voneinander erwarten können. Die alten Vorstellungen und Überzeugungen davon, was ein Staat, ein Kulturkreis, eine Familie ist und wozu all diese Gemeinschaften da sind, beginnen sich aufzulösen. Damit löst sich nun aber auch genau das auf, was die Mitglieder dieser Gemeinschaften bisher meinten, wenn sie »Wir« sagten. Hirntechnisch sind solche Auflösungs- und Destabilisierungsprozesse bisheriger Vorstellungen und Überzeugungen eine

WER IST »WIR«?

entscheidende Voraussetzung dafür, dass man etwas Neues denken, etwas bisher nicht Gesehenes sehen, etwas bisher nicht Verstandenes verstehen kann.

Und weil wir gegenwärtig so einen Prozess durchlaufen, ist jetzt endlich auch die Zeit gekommen, in der wir anfangen zu entdecken, wer wir eigentlich sind und wen wir meinen, wenn wir »Wir« sagen: Nicht die alten Abgrenzungsstrukturen, die wir voreinander aufgebaut und die wir bisher für das gehalten haben, was uns ausmacht.

Was wir jetzt endlich zu entdecken Gelegenheit haben und uns bewusst machen können, ist das, was uns wirklich im Inneren als Gemeinschaft zusammenhält. Was noch übrig bleibt, wenn all das weggebrochen ist, was uns bisher zusammengeschweißt hatte, sei es in Form der von außen erzwungenen Not- und Zwangsgemeinschaften oder in Form der im Inneren herausgeformten und von einer Generation zur nächsten tradierten Abhängigkeiten von Glaubens- und Interessengemeinschaften und den dazu erforderlichen Verwaltungsstrukturen.

Das alte »Wir« war ein »Wir«, zu dem wir geworden waren. Das neue »Wir« ist dabei, ein »Wir« zu werden, das wir selbst aktiv gestalten. Das ist der kleine, aber gewaltige Unterschied zwischen gestern und morgen. Deshalb sind wir gegenwärtig unterwegs in ein neues Zeitalter. Unsere Jugendlichen haben dabei – wie immer, wenn etwas wirklich Spannendes passiert – die Nase wieder einmal vorn.

2. Was sind wir?

Wie sollen wir erahnen, was aus uns werden könnte, solange wir noch gar nicht wissen, was wir sind? Sind wir wirklich die Krone der Schöpfung oder doch eher nackte Affen? Was ist das Besondere an uns? Woher kommen unsere Vorstellungen und Ideen davon, was wir sind?

Lebendig sind wir, klar. Aber das sind alle Lebewesen. Und weil wir lebendig sind, sind wir auch reproduktionsfähig, anpassungsfähig, entwicklungsfähig, lernfähig und natürlich auch intentional – wie alles, was lebt.

Betrachten Sie einmal eine einfache Amöbe unter dem Mikroskop. Die ist doch eigentlich schon genauso tapfer unterwegs wie wir. Die sucht nach dem, was sie mag, und vermeidet alles, was sie nicht mag. Die merkt sich auch manches, und sie passt sich auch, so gut es geht, an Veränderungen ihrer Lebenswelt an. Wie die Einzeller miteinander reden, haben die Biologen noch nicht so ganz genau herausgefunden, aber dass sie einander über das informieren, was für sie wichtig ist, steht außer Frage. Das können auch Pflanzen. Und Tiere können es noch besser. Und wir Menschen können es am allerbesten. Wir finden sogar ganz besonders viel äußerst wichtig und halten es für mitteilenswert. Deshalb reden wir fast ständig aufeinander ein. Wir haben Spaß am Entdecken und Gestalten, und wenn wir etwas gefunden oder zustande gebracht haben, halten wir das für etwas ganz Besonderes, und uns selbst auch.

Größenwahnsinnige Alleskönner, Wichtigtuer und Besserwisser sind wir. Und Kümmerversionen dessen, was aus uns werden könnte. Soziale Wesen sind wir, aber Einzelgänger auch. Krieger und Friedensstifter sind wir. Gebende und Nehmende, Zerstörende und Aufbauende, Arme und Reiche, Glückliche und Verzweifelte, Suchende und solche, die aufgehört haben zu suchen. Neugierige und solche, die ihre Entdeckerfreude verloren haben. Und wir sind die einzigen Lebewesen, die in der Lage sind, unseren gesamten wunderbaren blauen Planeten innerhalb von wenigen Stunden in einen infernalisch brennenden und explodierenden Feuerball zu verwandeln. Wir sind auch die Einzigen, die dabei sind, ihn immer mehr all dessen zu berauben, was ihn lebendig macht und was wir doch auch selbst brauchen, um lebendig zu bleiben.

Und weil es außer uns kein anderes Lebewesen auf dieser Erde gibt, das diesen wunderbaren blauen Planeten und die phantastische Vielfalt an Lebensformen, die ihn bevölkern, vor all dem, was wir ihm antun, zu schützen und zu bewahren imstande ist, sind wir auch die einzige Hoffnung für den Fortbestand dieser einzigartigen, wunderbaren Welt. Wenn wir nur endlich zur Besinnung kämen.

Wir sind keine Tiere

Genetisch unterscheiden wir uns von unseren nächsten tierischen Verwandten, den Menschenaffen, so gut wie gar nicht. 99,5 % aller Gensequenzen sind identisch.

Und die meisten der in unseren Zellkernen aufgewickelten Gene finden sich sogar schon bei den Würmern. Seitdem es uns Menschen als eigene Art, als Homo sapiens gibt, also seit mindestens 100 000 Jahren, hat sich an unseren genetischen Anlagen auch nichts mehr verändert. Wir hätten also, wenn all das, was wir sind, durch unsere Gene gelenkt würde, schon damals lesen und schreiben, Rad fahren und auf den Mond fliegen können.

Was also ist das Besondere an uns? Genetisch kann es ja nur ein ganz kleines Stück DNA sein, das uns von den Affen unterscheidet. Aber die Molekularbiologen haben es bisher noch nicht gefunden. Vielleicht wissen sie in diesem Heuhaufen an exprimierbaren Gensequenzen auch nicht, wo sie die Stecknadel suchen sollen.

Wir können ja einmal versuchen, das selbst durch einfaches Nachdenken herauszufinden. Der vielversprechendste Ausgangspunkt dafür ist wohl der Umstand, dass bei uns alles langsamer geht als bei den Affen. Unsere Entwicklungsgeschwindigkeit, also das Tempo, mit dem sich die Embryogenese vollzieht, mit dem sich die einzelnen Organanlagen und Organe herausbilden und mit dem sich vor allem das Organ entwickelt, das uns am stärksten von den Tieren unterscheidet, muss sich durch irgendeinen Trick, den die Natur gefunden hat, enorm verlangsamt haben. Wir müssten also nach einem Regulatorgen suchen, das während der Embryonalentwicklung die Differenzierungsgeschwindigkeit embryonaler Zellen steuert. Nicht aller, sondern vor allem derjenigen, aus denen sich unser Gehirn entwickelt. Die heißen ektodermale Zellen, und aus ihnen wird später unsere Haut, unser Nervensystem, aber auch unsere Behaarung. Wie schnell dieser Differenzierungsprozess abläuft, wird von sogenannten Regulatorgenen gesteuert. Offenbar ist ein die Herausbildung ektodermaler Derivate verlangsamendes Regulatorgen im Verlauf der Menschwerdung recht gezielt ausgelesen worden. Wahrscheinlich durch sexuelle Selektion. Also durch Partnerwahl, die durch eine besondere Vorliebe für weniger behaarte Sexualpartner gelenkt worden ist. Eine derartige Vorliebe findet man schon bei den sich von vorn verpaarenden Bonobos. Die sind uns sowohl in Bezug auf ihre geistigen Fähigkeiten wie auch in Bezug auf ihre schon recht spärliche Bauchbehaarung auch besonders ähnlich. Wenn nun unsere noch halbäffischen Vorfahren ebenfalls schon solche Liebespartner besonders attraktiv gefunden und sich am liebsten mit denen verpaart haben, die nicht ganz so struppig am Bauch und auch sonst am Körper weniger behaart waren, dann hätten sie auf diese Weise eine Selektion betrieben, die zwangsläufig zu einer Auslese solcher Regulatorgene führen musste, die die Herausbildung ektodermaler Derivate verlangsamt oder unterdrückt. Dann sind aber nicht nur die Haare langsamer oder gar nicht mehr gewachsen, sondern im sich entwickelnden Gehirn verlief die Reifung dann auch entsprechend langsamer.

Und was langsamer abläuft, ist leichter durch äußere Faktoren beeinflussbar. Daraus lässt sich dann – durch die Variation dieser Faktoren – auch wesentlich mehr machen. Mit einem solchen, weniger starkem Differenzierungsdruck ausgesetzten, langsamer ausreifenden Gehirn kann man dann zwar nichts besonders gut, aber alles ein bisschen. Ein bisschen laufen, ein bisschen klettern, ein bisschen schwimmen. Und was man noch nicht kann, das kann man eben später mit einem sich so langsam entwickelnden und deshalb zeitlebens lernfähig bleibenden Gehirn noch dazulernen. Fliegen zum Beispiel oder Autofahren oder Tiefseetauchen oder zum Mond fliegen. Deshalb sind wir langsam ausreifende, nie richtig fertig werdende Alleskönner.

Wir haben ein besonderes Gehirn

Was uns also von den Tieren unterscheidet, sind lauter Fähigkeiten, die sich nur dann erklären lassen, wenn man von einer besonderen Entwicklungsfähigkeit genau dieses Organs ausgeht, mit dessen Hilfe wir all diese Leistungen und all diese Ideen hervorbringen. Was aber ist das Besondere an unserem Gehirn, das es uns im Gegensatz zu allen Tieren ermöglicht, uns immer wieder etwas Neues auszudenken, etwas Neues zu entdecken oder zu erfinden, etwas Neues zu bauen oder herzustellen? Und wieso können wir anschließend unsere individuell ausgedachten Ideen und unsere individuell erworbenen Fähigkeiten an andere Menschen weitergeben und vor allem über viele Generationen hinweg an unsere Kinder überliefern?

Keine andere Spezies kommt mit einem derart unreifen und deshalb offenen, lernfähigen und durch eigene Erfahrungen in seiner weiteren Entwicklung und strukturellen Ausreifung gestaltbaren Gehirn zur Welt wie der Mensch. Nirgendwo im Tierreich sind die Nachkommen beim Erlernen dessen, was für ihr Überleben wichtig ist, so sehr und über einen vergleichbar langen Zeitraum auf Fürsorge und Schutz, Unterstützung und Lenkung durch die Erwachsenen angewiesen, und bei keiner anderen Art ist die Gehirnentwicklung in solch hohem Ausmaß von der emotionalen, sozialen und intellektuellen Kompetenz dieser erwachsenen Bezugspersonen abhängig wie bei uns Menschen.

Das Grundprinzip, nach dem sich unser Gehirn in seiner individuellen Einzigartigkeit herausformt, ist eigentlich sehr einfach: Es wird am Anfang immer mehr bereitgestellt, als irgendwo auf dieser Welt von irgendeinem Menschen jemals tatsächlich gebraucht wird. Schon vorgeburtlich ist bei uns allen ein beträchtlicher Überschuss an Nervenzellen produziert worden, von denen schließlich aber nur diejenigen erhalten geblieben sind, die auf irgendeine Weise in funktionelle Netzwerke eingebunden werden konnten. Der Rest wurde wieder abgebaut. Das war im Durchschnitt etwa ein Drittel. Die meisten Nervenzellen hatten wir also in unserem Gehirn, als wir noch in einem embryonalen Zustand waren.

Das gleiche Prinzip nutzt das sich selbst organisierende Gehirn auch, um all jene neuronalen Verknüpfungen und synaptischen Netzwerke aufzubauen, mit deren Hilfe all das gesteuert wird, was uns später hilft, uns in unserer jeweiligen Lebenswelt zurechtzufinden. Wieder werden zunächst riesige

Überschüsse an Fortsätzen, Verknüpfungen und Kontakten zwischen den Nervenzellen in den verschiedenen Bereichen des Gehirns bereitgestellt. Stabilisiert und in funktionelle Netzwerke eingebunden werden davon aber nur all jene Verknüpfungen, die tatsächlich gebraucht und benutzt werden. Der Rest wird wieder abgebaut.

Man kann sich das vielleicht so vorstellen wie die Herausbildung eines Ökosystems auf einem frisch umgeackerten Stück Land in einer bestimmten Landschaft – also beispielsweise an der Nordsee, im Harz oder in den Voralpen –, nachdem man dort so ziemlich all die verschiedenen Pflanzensamen ausgestreut hat, die es in Deutschland gibt. Zunächst gehen fast alle auf und bilden einen dichten Teppich von Pflänzchen unterschiedlichster Arten. Nach einiger Zeit kann man dann aber beobachten, dass auf den verschiedenen Äckern manche Pflanzen besser gedeihen, andere wieder eingehen. So wird das Spektrum der Pflanzenarten, die auf diesen drei unterschiedlichen Biotopen schließlich erhalten bleiben und weiter gedeihen, überall verschieden. Es wird am Ende überall eine Pflanzengemeinschaft entstehen, wie sie für die jeweilige Region typisch ist. So ähnlich ist das auch mit dem Gehirn. Wie es wird, hängt davon ab, in welcher Lebenswelt man aufwächst.

Im Gehirn beginnt die Bereitstellung dieses Überschusses an Vernetzungsangeboten im Rückenmark und im Hirnstamm, dann kommen die verschiedenen Bereiche des Mittel- und Zwischenhirns an die Reihe, danach der Cortex, und zum Schluss entsteht diese Überfülle an Vernetzungsoptionen in der präfrontalen Rinde, dem Frontallappen. »Ausgejätet« wird das, was nicht gebraucht wird, ebenfalls in dieser zeitlichen Reihenfolge, von hinten unten im Gehirn nach vorn oben.

Die ersten funktionell relevanten Erregungsmuster werden in den tieferen und älteren Bereichen im Gehirn durch die aus dem eigenen Körper ankommenden Signalmuster aufgebaut.

Das sind Erregungsmuster aus den verschiedenen Körperorganen, von der Körperoberfläche und aus den unterschiedlichen Muskelgruppen. Immer dann, wenn beispielsweise der Arm des ungeborenen Kindes zuckt, entsteht im Gehirn ein spezifisches Erregungsmuster, und je häufiger dieses Muster aufgebaut wird, weil der Arm wieder zuckt, desto stabiler wird es. Und je koordinierter diese stabiler gewordenen Vernetzungen im Gehirn die Bewegungen des Armes nun selbst wieder steuern können, desto präziser werden die Armbewegungen. Am Ende der Schwangerschaft kann man dann beobachten, wie das ungeborene Kind mit Hilfe der nutzungsabhängig herausgeformten, seine Armbewegungen steuernden Vernetzungen in der Lage ist, seinen Daumen gezielt in den Mund zu stecken. Ist kein Arm da, kann sich im Gehirn auch keine solche Repräsentanz zur Steuerung der Armbewegungen herausbilden.

Hat ein Kind schon vorgeburtlich sehr große Extremitäten, so wird in seinem Gehirn ein für die Steuerung dieser großen Arme und Hände optimales Netzwerk aus dem primär angelegten Überschuss an Vernetzungsoptionen angelegt. Sind die Extremitäten eines Embryos eher klein und filigran, entsteht ein etwas anderes, nun eben für deren Steuerung optimal geeignetes Netzwerk. Nach der Geburt wird man dann beobachten können, dass jedes dieser beiden Kinder etwas anders greift und zugreift. Im Kindergarten wird man dann feststellen, dass das eine Kind beispielsweise mit der Schere besser eine Papierschablone ausschneiden kann als das andere. Und weil das praktische Greifen mit den Händen nur die Vorstufe für das spätere gedankliche Begreifen ist, wird irgendwann die Lehrerin in der Grundschule feststellen, dass sich beide Kinder auch darin unterscheiden, wie schnell sie komplexe und abstrakte Zusammenhänge begreifen.

Im Gespräch mit der Mutter kommen beide anschließend wahrscheinlich darauf, dass Fritzchen seine Begriffsstutzigkeit vom Vater geerbt haben müsse. Was Fritzchen aber von seinem Vater genetisch vererbt bekommen hat, ist kein Gen für Begriffsstutzigkeit, sondern Anlagen für die Herausbildung ziemlich großer Arme und Hände.

Jedes Kind hat ja einen ganz besonderen, eben seinen eigenen Körper. Und weil sich die im Gehirn bereits vorgeburtlich herausbildenden Nervenzellverknüpfungen anhand der aus diesem Körper im Gehirn eintreffenden und wieder in den Körper zurückführenden Signalmuster strukturieren, hat auch jedes Kind zum Zeitpunkt seiner Geburt schon ein ganz besonderes, einzigartiges, genau zu seinem Körper passendes, anhand dieses Körpers herausgeformtes Gehirn. Das ist dann für die Steuerung dieses Körpers auch optimal geeignet. Später kommen dann noch andere, ebenfalls einzigartige eigene Erfahrungen dazu, die jedes Kind beim Heranwachsen in seiner jeweiligen Lebenswelt macht. Deshalb sind wir alle einzigartig und jeder für sich auch ganz besonders begabt. Und das ist gut so, denn wenn wir alle gleich wären, könnten wir auch nichts mehr voneinander lernen.

Wir machen besondere Erfahrungen

Das sich entwickelnde Gehirn passt also seine innere Struktur und seine Arbeitsweise, d. h. seine neuronalen Verschaltungen und synaptischen Verbindungen, an das an, womit es in einer engen Beziehung steht. Das ist zunächst, während der gesamten vorgeburtlichen Entwicklung, aber auch im weiteren Leben in jedem Moment der Körper, und all das, was im Körper – mit und ohne Zutun des Gehirns – passiert. All das, was dort, im Gehirn, an Signalen ankommt, führt zum Aufbau eines charakteristischen Erregungsmusters innerhalb der im Gehirn ausgebildeten neuronalen Netzwerke. Je häufiger ein solches spezifisches Erregungsmuster entsteht, desto stärker werden die daran beteiligten synaptischen Verbindungen gebahnt und gefestigt. Auf diese Weise entstehen im Gehirn zunächst zunehmend komplexer werdende, strukturell verankerte Repräsentationen der aus dem Körper eintreffenden Signal- (wie auch der im Gehirn erzeugten Reaktions- oder Antwort-) Muster. Später, wenn die Sinnesorgane so weit gereift sind, dass sie durch spezifische Wahrnehmungen entstandene Erregungsmuster zum Gehirn (sensorischer Cortex) weiterleiten, werden auch diese Sinneseindrücke als innere Repräsentationen der jeweils gemachten Sinneserfahrungen im Gehirn herausgeformt und mit den jeweiligen Antwort- und Reaktionsmustern auf die betreffende Wahrnehmung verbunden. Und noch später, wenn der heranwachsende Mensch zunächst mit seinen Eltern und dann mit immer mehr anderen Menschen in Beziehung tritt, werden diese Beziehungserfahrungen in den höheren, komplexesten Bereichen des Gehirns in Form sogenannter Metarepräsentationen verankert.

Zug um Zug werden auf diese Weise die komplizierten Nervenzellverschaltungen in den verschiedenen Regionen aufgebaut. Die von den Sinnesorganen ankommenden Erregungsmuster werden dabei benutzt, um immer stabilere und zunehmend komplexer werdende »innere Bilder« in Form bestimmter Verschaltungsmuster in den verschiedenen Hirnregionen zu verankern. Das gilt nicht nur für das Sehen und die Verankerung innerer »Sehbilder«, sondern ebenso für das Tasten und die Herausbildung innerer »Tast- und Körperbilder«, für das Hören und die Entstehung entsprechender »Hörbilder« und das damit einhergehende Verstehen und Verankern von Sprache, letztlich auch für das Interesse am Zuhören. Auf gleiche Weise entwickelt sich die Fähigkeit, aus Gerochenem innere »Geruchsbilder« anzulegen und mit anderen Sinneswahrnehmungen und den dadurch erzeugten inneren Bildern zu verbinden. Ja sogar die von den Muskeln bei Veränderungen ihres Tonus zum Gehirn weitergeleiteten Signale werden benutzt, um innere Repräsentanzen von komplexen Bewegungsabläufen, gewissermaßen innere »Bewegungs- und Handlungsbilder« in bestimmten Bereichen des Gehirns anzulegen und bei Bedarf abzurufen.

Diejenige Hirnregion, in der all diese komplexen, nutzungsabhängigen neuronalen Verschaltungen letztendlich zusammenlaufen, ist eine, die sich beim Menschen zuletzt und am langsamsten entwickelt und die auch bei unseren nächsten tierischen Verwandten weitaus kümmerlicher ausgebildet ist. Anatomisch heißt sie Frontal- oder Stirnlappen. Sie ist in besonderer Weise daran beteiligt, aus anderen Bereichen des Gehirns eintreffende Erregungsmuster zu einem Gesamtbild zusammenzufügen und auf diese Weise von »unten«, aus tieferliegenden und früher ausgereiften Hirnregionen eintreffende Erregungen und Impulse zu hemmen und zu steuern. Ohne Frontalhirn kann man keine zukunftsorientierten Handlungskonzepte und inneren Orientierungen entwickeln, kann man nichts planen, kann man die Folgen von Handlungen nicht abschätzen, kann man sich nicht in andere Menschen hineinversetzen und deren Gefühle teilen, auch kein Verantwortungsgefühl empfinden. Unser Frontalhirn ist diejenige Hirnregion, in der wir uns am deutlichsten von allen Tieren unterscheiden.

Alles, was erst im Verlauf der ersten Lebensjahre gelernt werden muss, wird von anderen Menschen übernommen. Keine dieser kulturspezifischen Leistungen ist angeboren. Alles, worauf ein Kind später stolz ist, was es als Persönlichkeit ausmacht, was es weiß und kann, ebenso wie das, was es denkt und fühlt, ja sogar das, was es wünscht und träumt, und nicht zuletzt das, was es als seine Muttersprache erwirbt, verdankt es dem Umstand, dass andere Menschen ihm bei der Benutzung und Ausformung seines Gehirns geholfen haben. Ohne erwachsene Vorbilder hätte ein Kind noch nicht einmal aufrecht zu gehen gelernt, es wäre nicht in der Lage, sich in einer bestimmten Sprache auszudrücken, es wüsste nicht, was essbar und was giftig und gefährlich ist. Auch wir selbst hätten weder Fahrradfahren noch irgendein hierzulande alltägliches Gerät zu bedienen gelernt. Wir könnten nicht schreiben, lesen und rechnen, auch nicht musizieren, singen und tanzen. Wir wären der äußeren Welt und unseren inneren Antrieben hilflos ausgesetzt, wüssten nicht, worauf wir besonders zu achten haben, hätten nicht gelernt, all die vielen komplexen Bewegungsabläufe und feinmotorischen Handlungen so zu steuern, wie man das nur von anderen Menschen lernen kann, und wir wären auch kaum in der Lage, irgendwelche in uns aufkommenden Impulse zu kontrollieren.

All das und noch vieles mehr muss jedes Kind im Verlauf eines schwierigen und daher auch sehr störanfälligen Entwicklungsprozesses erst erlernen. Dass das geschieht, erscheint uns so selbstverständlich, dass wir kaum je darüber nachdenken, was aus unserem Gehirn geworden wäre, wenn wir keine Gelegenheit bekommen hätten, uns all diese Fähigkeiten und Fertigkeiten im Verlauf unserer ersten Lebensjahre von anderen Menschen anzueignen. Es wäre ein Gehirn geworden, in dem all dass, was zum Zeitpunkt der Geburt noch nicht fertig ausgereift ist, sich nicht so weiterentwickelt, organisiert und strukturiert hätte, wie das nun einmal geschehen ist. All die hochkomplexen Verschaltungen, die nicht automatisch entstehen, sondern nur dann herausgeformt und stabilisiert werden können, wenn sie auch immer wieder aktiviert und benutzt werden, wären ohne die vielen Anregungen und Ermunterungen, Maßregelungen und Ermahnungen, also ohne die aktive Einflussnahme anderer Menschen auf unsere Hirnentwicklung nicht entstanden. Unser Gehirn ist in viel stärkerem Maß, als wir in eigener Selbstüberschätzung zuzugeben bereit sind, durch diese anderen Menschen und all das, was diese wiederum von anderen Menschen übernommen haben, strukturiert worden. All jene Bereiche und Regionen, in denen sich das menschliche Gehirn von dem unserer nächsten tierischen Verwandten am stärksten unterscheidet und von denen all jene Funktionen gesteuert werden, die wir als spezifisch menschliche Leistungen betrachten, werden erst nach der Geburt durch eigene Erfahrungen endgültig herausgeformt. Die wichtigsten Erfahrungen, die einen heranwachsenden Menschen prägen und die in Form komplexer neuronaler Verknüpfungen und synaptischer Verschaltungen in seinem Gehirn verankert werden, sind solche, die in lebendigen Beziehungen mit anderen Menschen gemacht werden. In all jenen Bereichen, in denen es sich von tierischen Gehirnen unterscheidet, wird das menschliche Gehirn durch Beziehungserfahrungen mit anderen Menschen geformt und strukturiert. Unser Gehirn ist also ein soziales Produkt und als solches für die Gestaltung von sozialen Beziehungen optimiert. Es ist ein Sozialorgan.

Erst in einer derartigen entwicklungsbezogenen Perspektive bekommt man in den Blick, dass menschliche Gehirne Organe sind, die ausschließlich in einem Netzwerk von anderen Gehirnen überlebens- und entwicklungsfähig sind. Gehirne kommen deshalb strenggenommen im Singular gar nicht vor, und die Hirnentwicklung lässt sich überhaupt nur als ein Prozess beschreiben, in dem im Rahmen von Beziehungen aus externer Regulierung von Emotionen, Bedürfnissen und Orientierungen zunehmend interne Regulierung wird. Dass kein Mensch allein überleben, geschweige denn die in ihm angelegten Potentiale entfalten kann, ergibt sich daraus zwangsläufig. Und das ist das wohl erkenntnistheoretisch folgenreichste, unser bisheriges Weltbild am nachhaltigsten erschütternde und in seinen praktischen Auswirkungen auf unser künftiges Zusammenleben kaum zu überschätzende Ergebnis der neueren Gehirnforschung. Denn die Erkenntnis, dass das menschliche Gehirn ein sich erfahrungs- und nutzungsabhängig entwickelndes Organ ist, bedeutet empirisch nicht weniger, als dass die soziokulturelle Entwicklungsumwelt, in die ein Mensch hineinwächst, die neuronale Architektur seines Gehirns ganz entscheidend bestimmt.

Wir haben besondere Bedürfnisse

Damit ergibt sich, wenn man die Erkenntnisse der modernen Hirnforschung zusammenfasst, folgendes Bild: Das menschliche Gehirn ist weitaus plastischer, als man sich das noch bis vor wenigen Jahren vorstellen konnte. Zu Beginn der Hirnentwicklung werden nicht nur viel mehr Nervenzellen bereitgestellt, sondern auch deutlich mehr Fortsätze, Kontakte und Verschaltungen zwischen diesen Nervenzellen aufgebaut als das, was davon nach der Pubertät noch übrig bleibt. Stabilisiert und als funktionale Netzwerke etabliert werden von diesen anfänglich bereitgestellten Überangeboten nur diejenigen neuronalen Verschaltungsmuster, die während der Phase der Hirnentwicklung immer wieder aktiviert, also regelmäßig genutzt werden. Was für ein Gehirn ein Kind »bekommt«, hängt also davon ab, wie und wofür es sein Gehirn benutzt. Bestimmt wird das allerdings nicht von all dem, was ein Kind in seiner jeweiligen Lebenswelt vorfindet, sondern durch das, was ihm davon für seine eigene Lebensbewältigung als besonders bedeutsam erscheint, wofür es sich also selbst begeistert. Das ist bei allen Kindern zunächst die Steuerung eigener Körperfunktionen und Bewegungsabläufe, später die Gestaltung seiner Beziehungen zu seinen primären Bezugspersonen und erst danach die schrittweise Entdeckung und Gestaltung seiner immer komplexer werdenden Lebenswelt. Dabei macht jedes Kind zwei Grunderfahrungen, die tief in seinem Gehirn verankert werden: Die Erfahrung engster Verbundenheit und die Erfahrung eigenen Wachstums und des Erwerbs eigener Kompetenzen. Diese beiden Grunderfahrungen bestimmen als Grundbedürfnisse seine künftigen Erwartungen. Zeitlebens sucht jeder Mensch nach Beziehungen, die es ihm ermöglichen, sich gleichzeitig als verbunden und frei zu erleben. Nur wenn diese beiden Grundbedürfnisse gestillt werden können, ist ein Kind – und später ein Erwachsener – in der Lage, die in seinem Gehirn bereitgestellten vielfältigen Vernetzungsangebote auf immer komplexer werdende Weise zu nutzen und ein entsprechend komplexes Gehirn zu entwickeln.

Wenn eines dieser beiden Grundbedürfnisse nicht gestillt werden kann, leidet das betreffende Kind und später der betreffende Erwachsene an einem Mangel. Weil die betreffende Person nicht das findet, was sie braucht, versucht sie sich das zu verschaffen, was sie bekommen kann. Ersatzbefriedigungen nennt man das, was nun fortan zunehmend an Bedeutung für die betreffende Person gewinnt und dazu führt, dass ihre ursprüngliche Offenheit, Beziehungsfähigkeit, uneingeschränkte Neugier und Gestaltungslust in eine bestimmte Richtung gelenkt wurden. Dann werden allzu leicht Dinge bedeutsam, die in Wirklichkeit völlig unwichtig sind, Fernsehen beispielsweise, oder Chatten, Shoppen oder der nächste Urlaub in der Südsee.

Das führt uns zu etwas Weiterem, was uns fundamental von den Tieren unterscheidet:

Wir sind die einzigen Lebewesen, die auch etwas für wichtig halten können, was in Wirklichkeit weder für das eigene Überleben noch für die eigene Reproduktion gebraucht wird. Und wir sind auch die Einzigen, die sich völlig verrückte Dinge ausdenken, die auf so eine aberwitzige Idee kommen können, auf den Mond zu fliegen. Und dann machen wir das auch wirklich. Das kann kein Affe und keine ganze Affenhorde. Und das kann auch kein einzelner Mensch. Das können nur »wir«.

Und genau das ist unser Herausstellungsmerkmal als Mensch. Wir sind begeisterte und einander begeisternde »Wichtigtuer«.

Das lässt sich leicht anhand weiterer Beispiele verdeutlichen, die das unglaubliche Spektrum dessen andeuten, was wir Menschen alles für wichtig und bedeutsam halten können. Opern zum Beispiel oder Lyrik oder Briefmarken oder Tiefseefische oder das Innenleben von Termitenhügeln oder die Bestandteile eines Eulengewölles oder den Aufbau eines Grashalms oder die Zusammensetzung der Luft. Es ist unglaublich, das nimmt gar kein Ende, und da ist vor allem immer noch massenhaft Spielraum für alles Mögliche, wonach wir in Zukunft ebenso begeistert suchen und womit wir uns dann auch weiter intensiv befassen könnten.

Wir leben in besonderen Gemeinschaften

Aber nichts davon macht wirklich Spaß, wenn man es ganz alleine macht, wenn nicht wenigstens einer zuschaut, der sich selbst auch dafür interessiert. Wenn nicht wenigstens einer da ist, und sei es auch nur in unseren Gedanken, der es auch wichtig findet und sich auch daran erfreut. Wir sind die einzigen Lebewesen, die sich nicht nur selbst mit Begeisterung etwas ausdenken können, sondern die dazu auch eine Gemeinschaft brauchen. Die Lust am eigenen Entdecken und Gestalten würde uns rasch vergehen, wenn sich die anderen, mit denen wir uns verbunden fühlen, wenn nicht real, dann aber zumindest in unserer eigenen Vorstellung, nicht ebenfalls darüber freuten. Und je mehr andere Menschen daran beteiligt sind, umso großartiger oder verrückter wird das, was von Menschen dann gemeinsam erdacht und geschaffen werden kann. Wenn das nicht so wäre, hätte niemand jemals den Himalaya bestiegen.

Tiere sind anders. Tiere finden sich mit Hilfe ihrer Instinkte in ihrer Lebenswelt zurecht. Diese Instinktprogramme machen für sie ganz bestimmte Wahrnehmungen automatisch bedeutsamer als andere, setzen bei ihnen bestimmte Handlungsmuster in Gang und unterdrücken dafür andere. Und die lernfähigsten unter den Tieren können eben noch besser als alle anderen durch selbst gemachte Erfahrungen herausfinden, welche Wahrnehmungen für sie besonders wichtig, welche Reaktionsmuster für sie besonders geeignet sind, um ihr eigenes Überleben und ihre eigene Reproduktion zu optimieren.

Aber Tiere können nicht etwas als bedeutsam erachten und für wichtig halten, was für sie weder einen Überlebensvorteil noch einen Reproduktionsvorteil bietet. Sie bleiben Gefangene ihrer Physiologie, ihrer biologischen Konstitution und ihrer natürlichen Eingebettetheit. Sie können sich keine unnützen, verrückten und abstrusen Ideen ausdenken. Noch weniger können sie sich für solche selbst ausgedachten Ideen begeistern. Und wenn sie in der Lage wären, sich etwas auszudenken, was keiner wirklich braucht, und wenn sie andere Mitglieder ihrer Gemeinschaften mit ihrer eigenen Begeisterung anstecken und diese verrückten Vorstellungen dann auch wirklich umsetzen könnten, dann wären sie eben auch keine Tiere mehr. Dann wären sie auch nicht mehr gezwungen, sich in einem fortwährenden Wettbewerb immer besser an ihre jeweiligen Lebensräume, an ihre ökologischen Nischen anzupassen. Dann könnten sie sich ihre eigenen Lebensräume immer wieder selbst neu gestalten. Nach ihren eigenen Vorstellungen. Nach den Kriterien, die sie für wichtig und bedeutsam halten. Egal, ob das nun jedes Mal auch gleich ihr Überleben sichert und der Reproduktion dient. Wenn Tiere das könnten, dann wären sie keine Tiere mehr, dann wären sie so etwas wie das, was wir sind: begeisterte und einander begeisternde Entdecker und Gestalter einer miteinander geteilten und miteinander geschaffenen gemeinsamen Lebenswelt.

Nur Primaten verfügen über die Fähigkeit, die Aufmerksamkeit aller Mitglieder einer Gruppe gezielt und aus eigenem Antrieb auf einen Gegenstand gemeinsamen Interesses zu lenken. Der Einzelne bemerkt etwas und macht alle anderen darauf aufmerksam. Deshalb kommt es innerhalb einer Gemeinschaft auf jeden Einzelnen an. Deshalb sind nur Primaten in der Lage, individualisierte Gemeinschaften herauszubilden. Deshalb ist eine Affenhorde etwas völlig anderes als eine Büffelherde.

Und wir Menschen haben eben diese Fähigkeit, unsere Aufmerksamkeit gemeinsam auf etwas zu richten, besonders weit entwickelt. So können wir als Gemeinschaft etwas entdecken und aufklären, wenn einer von uns einen Anfang für eine solche Entdeckung gemacht hat. Ebenso gut können wir gemeinsam etwas gestalten, etwas bauen oder entwickeln, was sich einer von uns ausgedacht hat. Und wir können uns auch gemeinsam um etwas kümmern, wenn einer von uns bemerkt hat, dass etwas unsere Unterstützung braucht. Deshalb sind wir die einzigen Lebewesen, die in einer individualisierten Gemeinschaft verborgene Potentiale der einzelnen Mitglieder wie auch der gesamten Gemeinschaft zur Entfaltung bringen können. Wir sind wie keine andere Lebensform in der Lage, in einer Gemeinschaft über uns hinauszuwachsen. Und wir sind in der Lage, unsere gemeinsam gesammelten Erfahrungen, die von einzelnen Mitgliedern erworbenen Fähigkeiten und Erkenntnisse und die von einer Gemeinschaft entwickelten Vorstellungen und Ideen an nachfolgende Generationen weiterzugeben.

Aber diese einzigartige Fähigkeit zur transgenerationalen Weitergabe einmal entwickelter Vorstellungen birgt zwangsläufig die Gefahr, dass auch solche Vorstellungen an andere und insbesondere an folgende Generationen weitergegeben werden, die falsch sind oder die – weil sich die Welt inzwischen verändert hat – unbrauchbar geworden sind.

3. Wie sind wir so geworden, wie wir sind?

Wenn es nicht ein großer Schöpfergeist war oder allmächtige genetische Programme, wer war es dann? Unsere Eltern? Unsere Lehrer und Erzieher? Oder irgendwelche anderen Vorbilder? Haben sie uns gezwungen, so zu werden wie sie? Oder waren wir es selbst? Haben wir uns freiwillig so verhalten, wie es andere von uns verlangt haben? Wem sind wir gefolgt und wem nicht? Und aus welchem Grund? Was passiert eigentlich mit uns und in unserem Gehirn, wenn wir anderen nacheifern, die in unseren Augen besonders erfolgreich und deshalb nachahmenswert sind?

Auf die Welt gekommen sind wir mit allem, was ein Neugeborenes für einen gelungenen Start in das Leben braucht: Mit einem funktionsfähigen Körper und einem Gehirn, das bereits vorgeburtlich gelernt hat, die in diesem Körper ablaufenden Prozesse zu steuern, die ersten Bewegungen von Rumpf, Kopf und Extremitäten einigermaßen koordiniert zu lenken und sogar die eigene Mutter an ihrer Stimmmelodie und an ihrem Duft zu erkennen. Wenn die Mutter bereits vorgeburtlich besonders gern bestimmte Musikstücke gehört, bestimmte Lieder gesungen hat, so haben wir auch diese bereits vorgeburtlich kennengelernt. Sogar ihre Lieblingsspeisen beziehungsweise deren besondere Aromen sind uns vertraut. Hat die Mutter während der Schwangerschaft gern Zimtgebäck oder Knoblauch gegessen, so mögen auch wir schon den Duft von Zimt oder eben von Knoblauch und erkennen ihn nun auch im Geschmack der Muttermilch wieder. Wir sehen süß aus und können die Mutter und andere Personen mit unseren ersten

Bewegungen und Lautäußerungen verzaubern. Beim Stillen und beim Kuscheln mit nackter Haut wird in unserem Gehirn und in dem der Mutter vermehrt Prolaktin und Oxytocin ausgeschüttet, und das unterstützt die Fähigkeit, komplexe Wahrnehmungen im Gehirn zu verankern und abzuspeichern. Das hilft beim Einander-Wiedererkennen und beim Sich-miteinander-geborgen-Fühlen. Deshalb nennt man diese Peptide auch »Bindungshormone«. Und natürlich haben wir bereits vorgeburtlich die für unser gesamtes weiteres Leben so entscheidende Erfahrung gemacht, dass es möglich ist, gleichzeitig eng verbunden mit jemandem zu sein und über sich hinauswachsen zu können. Wir bringen deshalb die Erwartungshaltung mit auf die Welt, dass dort jemand zu finden sein wird, der uns annimmt, der uns wärmt und schützt und der uns aber auch hilft, unsere Potentiale zu entfalten, Neues zu lernen, uns weiterzuentwickeln. Deshalb suchen wir nach Neuem mit ebenso großer Begeisterung, wie wir auch nach Geborgenheit und Nähe suchen, die uns jemand schenkt. Wir haben also ein angeborenes Erkundungsbedürfnis und ein ebenso starkes Bindungsbedürfnis, und dazu gibt es im Hirn ein sogenanntes Neugiersystem, das uns vorwärts treibt, und ein Bindungssystem, das uns die schützende Nähe der Mutter suchen lässt, wenn es draußen zu viel wird.

Und damit all das viele Neue, das wir auf unseren Erkundungen an uns selbst, an den anderen und in unserer jeweiligen Lebenswelt entdecken, auch gut im Hirn verankert werden kann, kommen wir mit einem Gehirn zur Welt, in dem ganz am Anfang schon riesige Überschüsse an Nervenzellverknüpfungen bereitgestellt werden, die nur darauf warten, dass da oben im Hirn auch etwas ankommt. Jedes Signalmuster, das im Körper und dort vor allem von den Sinnesorganen generiert und zum Gehirn weitergeleitet wird, führt zum Aufbau eines charakteristischen Erregungsmusters innerhalb der in den verschiedenen Bereichen des Gehirns bereitgestellten neuronalen Netzwerke. Je häufiger ein solches spezifisches Erregungsmuster entsteht, desto stärker werden die dabei aktivierten synaptischen Verbindungen gebahnt und gefestigt.

Anfangs, also vor allem während der vorgeburtlichen Entwicklung, vollzieht sich dieser Strukturierungsprozess noch unter den Bedingungen einer weitgehenden Abschirmung gegenüber äußeren Reizen. Während dieser Phase werden die sich zwischen den Nervenzellen ausbildenden Beziehungsmuster noch in erster Linie durch die im eigenen Körper ablaufenden Wachstums- und Entwicklungsprozesse generierten Signale gesteuert: durch die Ausreifung einzelner Organfunktionen, des Bewegungsapparates, der verschiedenen Sinnesorgane etc. Die dabei im Gehirn entstehenden Beziehungsmuster werden von den aus diesen Reifungsprozessen resultierenden Erregungsmustern »geprägt«; sie repräsentieren daher nicht nur die Erfahrungen über all jene Beziehungen, die sich im Verlauf der eigenen körperlichen Entwicklung ausgebildet haben. Sie werden gleichzeitig auch Teil dieser Beziehungen. Deshalb sind all jene Bereiche des Gehirns, die während dieser Phase herausgeformt werden – die sogenannten subkortikalen Bereiche, also Stammhirn, limbisches System, Hypothalamus, etc. – in besonders intensiver Weise mit dem Körper verbunden.

Später, vor allem nach der Geburt, werden dann vor allem die in der Großhirnrinde entstehenden Verknüpfungen der Nervenzellen in zunehmendem Maß durch die aus der äußeren Welt stammenden und über die sogenannten Fernsinne aufgenommenen Reize und Erregungsmuster ebenfalls nutzungsabhängig herausgeformt. Spätestens jetzt spielt all das, was sich in der Lebenswelt eines Kindes abspielt, eine zunehmend bedeutsame Rolle für die weitere Strukturierung der Beziehungen der Nervenzellen und neuronalen Netzwerke im sich entwickelnden Gehirn. Jetzt wirken die vielfältigen Beziehungen, die Kinder innerhalb ihrer jeweiligen Lebenswelt eingehen – zunächst mit ihren Eltern, später aber auch mit anderen Personen, mit anderen Lebewesen und mit bestimmten Phänomenen der von den Erwachsenen gestalteten, kulturell tradierten Lebenswelt –, ähnlich prägend wie zuvor die körperlichen Prozesse und bestimmen die weitere Strukturierung der entsprechenden Beziehungsmuster zwischen den Nervenzellen in den jüngeren, erst jetzt ausreifenden Bereichen des Gehirns. Und in gleicher Weise »repräsentieren« nun die so geknüpften neuronalen Beziehungsmuster die in der jeweiligen Lebenswelt von diesen Nachkommen gemachten Beziehungserfahrungen.

Der Preis des Dazugehörenwollens

Weil diese Beziehungserfahrungen zunehmend von anderen Menschen, deren Verhaltensweisen, Überzeugungen, Meinungen und Vorstellungen bestimmt werden, kann es sehr leicht geschehen, dass die dadurch im Hirn des Kindes entstehenden neuen Verschaltungsmuster nicht mehr so recht zu den älteren, durch seine eigenen Körpererfahrungen und seine eigenen Wahrnehmungen herausgeformten neuronalen Vernetzungen passen. So wird beispielsweise das Bedürfnis, sich zu bewegen, durch entsprechende Maßregelungen oder allein schon durch das Vorbild von Erwachsenen mehr oder weniger eingeschränkt. Der bei kleinen Kindern noch vorhandene Impuls, den ganzen Körper einzusetzen, um das eigene Befinden zum Ausdruck zu bringen, wird später mehr oder weniger deutlich unterdrückt. Gefühle von Angst und Schmerz, auch von übermäßiger Freude und Lust, werden im Zusammenleben mit anderen zunehmend kontrolliert.

Auf diese Weise passt sich jeder Mensch im Verlauf seiner Kindheit an die Vorstellungswelt und die Verhaltensweisen der

Erwachsenen an, mit denen er aufwächst. Später, als Jugendlicher, orientiert er sich zunehmend an den Denk- und Verhaltensweisen seiner Altersgenossen, den Peer-Groups, zu denen er oder sie gehört oder gern dazugehören möchte. Ohne es selbst zu bemerken, entfernt sich der betreffende Mensch im Verlauf dieses Anpassungsprozesses immer weiter von dem, was sein Denken, Fühlen und Handeln ursprünglich, als er noch ein kleines Kind war, primär geprägt hatte: die eigene Körpererfahrung und die eigene Sinneserfahrung. Indem er all das zu unterdrücken beginnt, was bisher der selbstverständlichste und ureigenste Teil seines Selbst war, wird er sich selbst zunehmend fremd. Sein Körper und die aus seiner Körperlichkeit erwachsenden Bedürfnisse werden – weil sie dem starken Bedürfnis nach Zugehörigkeit und Anerkennung, nach Identitätsentwicklung und Selbstentfaltung im Wege stehen – als Hindernis betrachtet und deshalb unterdrückt und abgetrennt.

Zusätzlich gehen in die sich herausbildenden neuronalen Muster auch alle sogenannten Abwehrvorgänge ein, z. B. gegen schmerzvolle oder traurige oder wütende Gefühle, die in einer wenig Sicherheit bietenden Beziehung nicht gezeigt werden dürfen, unterdrückt werden müssen und schwer auszuhalten sind. Diese Abwehr von Gefühlen geht mit muskulären Anspannungen einher. Dadurch verändern sich Haltungsmuster und Atmung. Je häufiger und je früher das geschieht, desto stärker werden diese körperlichen Abwehrmuster verfestigt. Alle Sinneseindrücke, die mit den alten Erfahrungen assoziiert werden, rufen auch die alten Gefühle wieder wach. Darauf reagiert der Körper mit erneuten Anspannungen. Vor allem traumatische Verletzungen, die während der frühen Kindheit mit dem Gefühl von Ohnmacht und Hilflosigkeit, Ablehnung und Entwertung einhergehen, werden auf diese Weise sehr nachhaltig »verkörpert«. Auch wenn diese Gefühle im späteren Leben überwunden werden können oder die für das Zustandekommen dieser Gefühle verantwortlichen Personen längst gestorben sind, bleiben diese verkörperten Erfahrungen oft zeitlebens als gedrückte und verkrampfte Haltungen sichtbar.

Das haben wir alle als Kinder und Jugendliche so oder so ähnlich auf mehr oder weniger intensive Art am eigenen Leibe erfahren. In manchen Kulturen ist der Druck zu solcher Entfremdung und Instrumentalisierung des eigenen Körpers stärker, in anderen vielleicht auch geringer als bei uns. Aber gänzlich entgehen kann ihm kein Kind, das in einer Gemeinschaft von Menschen aufwächst, die bestimmte Vorstellungen davon haben, wie man als Mensch zu sein hat, um als Mitglied in dieser Gemeinschaft akzeptiert zu werden. Genau das, nämlich das Bedürfnis irgendwie dazuzugehören, ist der Schlüssel zum Verständnis dieses sonderbaren Anpassungsprozesses, der Menschen dazu bringt, ihr Gefühl von ihrem Verstand und ihren Körper von ihrem Gehirn abzutrennen. Ganz zu schweigen von den Verstümmelungen des eigenen Körpers, die Menschen bestimmter Kulturen vorzunehmen bereit sind, um irgendwie zu denen, die ihnen besonders wichtig erscheinen, »dazuzugehören«. Am verbreitetsten sind solche Phänomene in sozialen Gemeinschaften, deren Fortbestand und innere Stabilität in besonderer Weise auf solche identitätsstiftenden Rituale angewiesen sind oder in ihrer Geschichte darauf angewiesen waren. Das Spektrum solcher Körperverstümmelungen reicht von der bei Naturvölkern zu beobachtenden gezielten, oft schon während der Kindheit eingeleiteten Vergrößerung oder Verkleinerung einzelner körperlicher Merkmale bis hin zu Tätowierungen, Piercing und sogenannten Schönheitsoperationen in der westlichen Welt.

Bei Tieren sieht man solche Phänomene selten. Der Grund dafür ist einfach: Deren Verhalten ist bereits optimal an die Erfordernisse ihres jeweiligen Lebensraumes angepasst. Sie müssen nicht erst in einem schwierigen Prozess von Erziehung und Sozialisation lernen, was man tun und wie man denken und fühlen muss, um in einer Gemeinschaft überleben zu können. Weil wir Menschen, vor allem als Kinder, allein überhaupt nicht überlebensfähig sind, bleibt einem Kind gar keine andere Möglichkeit, als sich an die Denk- und Verhaltensmuster der Familie, der Sippe, der Gemeinschaft anzupassen, von der sein Überleben abhängt.

Wie auch immer diese Anpassungsprozesse im Einzelfall verlaufen, sie führen alle zum gleichen Ergebnis: Die nach der Geburt in der Beziehung zu anderen Menschen gemachten und im Gehirn verankerten Erfahrungen geraten zwangsläufig in Widerspruch zu den bis dahin erlebten eigenen Körper- und Sinneserfahrungen.

Deshalb ist das biblische Bild der Vertreibung aus dem Paradies eine recht passende Beschreibung dessen, was die meisten Menschen während ihrer Sozialisation erfahren haben: Aus der ursprünglichen Einheit mit sich selbst und ihren Gefühlen herausgefallen und von der Weisheit des Körpers abgeschnitten zu sein.

Kein Mensch kann sich die Bedingungen aussuchen, unter denen er aufwächst und die ersten wichtigen Erfahrungen macht, die darüber entscheiden, wie und wofür er sein Gehirn benutzt und welche Verschaltungsmuster dort ausgebildet und stabilisiert werden. Noch heute wachsen die meisten Menschen auf unserer Erde unter Bedingungen auf, die dazu führen, dass die prinzipiell vorhandenen Möglichkeiten zur Ausbildung eines hochkomplexen, vielfach vernetzten und zeitlebens lernfähigen Gehirns nicht ausgeschöpft werden. Und noch heute sind die meisten Menschen auf unserer Erde gezwungen, ihr Gehirn zeitlebens auf eine sehr einseitige Weise zu nutzen und für ganz bestimmte Zwecke einzusetzen. Das gilt auch für all jene, die irgendwann in ihrem Leben eine ganz bestimmte Strategie zur Bewältigung ihrer Ängste und zur Aufrechterhaltung ihrer inneren Ordnung gefunden haben und diese einmal gefundene Strategie anschließend immer wieder zwanghaft in der gleichen Weise einsetzen, weil sie glauben, dass sich damit alle anderen Probleme ebenfalls lösen lassen.

Die dabei in ihrem Hirn aktivierten Verschaltungen werden so immer effizienter verknüpft und gebahnt, bis aus den anfänglich kleinen »Nervenwegen« allmählich feste Straßen und schließlich sogar breite »Autobahnen« entstanden sind. Aus der primären Bewältigungsstrategie ist dann ein eingefahrenes Programm geworden, das das gesamte weitere Denken, Fühlen und Handeln der betreffenden Menschen bestimmt. Zwanghaft sind sie darum bemüht, immer wieder solche Bedingungen zu schaffen und aufrechtzuerhalten, unter denen sie die Zweckmäßigkeit ihrer einmal entwickelten Fähigkeiten unter Beweis stellen können. Solange ihnen das gelingt, werden sie bei der Bewältigung bestimmter Aufgaben immer besser, immer effizienter und immer erfolgreicher. Sie scheitern aber meist kläglich, sobald sich die Verhältnisse ändern und neue Herausforderungen auf sie zukommen, die mit den alten eingefahrenen Verschaltungsmustern in ihrem Hirn nicht zu bewältigen sind. Auch ein solch einseitig programmiertes, immer wieder auf die gleiche Weise für dieselben Zwecke benutztes Hirn bleibt eine Kümmervision dessen, was daraus hätte werden können.

Die Mechanismen der Anpassung

Ein leider noch immer sehr entscheidender Auslöser für die fortwährende Anpassung der eigenen Vorstellungen und des eigenen Verhaltens an die in der jeweiligen Familie, der Sippe oder der jeweiligen Gemeinschaft herrschenden Strukturen ist die Angst – entweder die Angst vor einer angedrohten Strafe oder die Angst vor der Verweigerung einer Belohnung in Form von Zuwendung und Wertschätzung, die das betreffende Kind erfährt.

Immer dann, wenn es ihm gelingt, sich so zu verhalten, dass die Angst nachlässt, kommt es im Gehirn zur vermehrten Ausschüttung sogenannter neuroplastischer Botenstoffe. Sie bewirken eine nachhaltige und effektive Stabilisierung und Bahnung der zur Lösung eines bestimmten Problems (zur Vermeidung der angedrohten Bestrafung oder zur Erlangung der in Aussicht gestellten Belohnung) aktivierten neuronalen Verknüpfungen und synaptischen Verschaltungen. So lernt jedes Kind bereits sehr früh und auch entsprechend nachhaltig all das, worauf es für ein möglichst ungestörtes Zusammenleben in seiner jeweiligen Gemeinschaft ankommt.

Ebenso wirksam, aber wesentlich subtiler – und im Gegensatz zu diesem »Dressurlernen« von allen Beteiligten weitgehend unbemerkt – erfolgt das sogenannte Resonanz- oder Imitationslernen. Erst vor wenigen Jahren entdeckten die Hirnforscher sogenannte »Spiegelneurone« im prämotorischen Cortex von Affen, die immer dann miterregt werden, wenn ein Affe einen anderen Affen bei bestimmten Bewegungsabläufen beobachtet. Bei Kindern scheint die Fähigkeit bereits sehr früh ausgebildet zu sein, bei anderen beobachtete Verhaltensweisen im Inneren, durch den Aufbau eines eigenen, das beobachtete Verhalten abbildenden Erregungsmusters nachzuvollziehen. Kinder schließen auch in ähnlicher Weise durch Beobachtung aus dem Verhalten der Eltern, wie die Welt wahrgenommen und eingeschätzt werden muss und wie man ihr begegnet. Dieses »Imitationslernen« bildet die Grundlage für die Weitergabe von Wahrnehmungs-, Bewertungs- und Verhaltensmustern von einer Generation zur nächsten.

Durch solche Spiegelungen des Verhaltens von Vorbildern, meist noch verstärkt durch entsprechende Hinweise und Maßregelungen, lernen Kinder sehr schnell und außerordentlich effizient, wie sie sich verhalten müssen, um in die Gemeinschaft zu passen, in die sie hineinwachsen. Am deutlichsten treten solche durch Spiegelung und Imitation erlernten Verhaltensweisen immer dann zutage, wenn man Gelegenheit bekommt, ein Kind in Gegenwart eines besonders prägenden Vorbildes zu beobachten. Besonders bei kleinen Kindern wird dann sichtbar, wie sehr sie sich bemühen, die Körperhaltung, die Mimik und Gestik des bewunderten Vorbildes nachzuahmen. Das kann der Vater oder die Mutter sein, häufig aber auch etwas ältere Geschwister oder Spielkameraden und nicht selten auch irgendein »Idol« aus dem Kino oder Fernsehen. Weniger deutlich sichtbar, aber aus den verbalen Äußerungen und Kommentaren zumindest anfänglich noch erkennbar, eignen sich Kinder auch bestimmte geistige Haltungen und Vorstellungen dieser Vorbilder an. Dabei werden diese Ideen im Lauf ihrer weiteren Entwicklung im eigenen Denken immer wieder »durchgespielt« und so oft wiederholt, bis die dabei aktivierten neuronalen Erregungsmuster so gebahnt und stabilisiert worden sind, dass sie dem Heranwachsenden auch weiterhin als strukturell verankerte Korrelate, als internalisierte Vorstellungen zur Verfügung stehen, um daraus Orientierungen und geistige Grundhaltungen abzuleiten und subjektive Bewertungen neuer Eindrücke und Erfahrungen vorzunehmen.

Schon im Kleinkindalter lässt sich beobachten, dass Kinder auch all jene Strategien ihrer Vorbilder übernehmen, die diese zur Regulation ihrer eigenen emotionalen Befindlichkeit einsetzen. Dazu zählen sowohl das »Verstecken« von Gefühlen, wie auch das übertriebene Zurschaustellen von emotionalen Gesten und mimischen Ausdrucksformen. Anhand dieser Vorbilder lernt das Kind nun zunehmend besser, seine Gefühle zu beherrschen oder zum Erreichen bestimmter Ziele bestimmte emotionale Ausdrucksformen einzusetzen. Die ursprüngliche Offenheit des kindlichen emotionalen Ausdrucks wird nun immer stärker in eine private Gefühlswelt internalisiert. Vor allem in den westlichen Kulturen führt das zu einer zunehmenden Entkopplung der durch Mimik und Gestik zum Ausdruck gebrachten und der tatsächlich subjektiv empfundenen Gefühle. Die eigenen Gefühle werden so immer stärker kontrolliert und vom Körperempfinden abgetrennt.

Die Anpassungsfalle

Bisher haben wir uns ja nur mit der Frage befasst, wie jede und jeder Einzelne von uns so werden konnte, wie sie oder er bis heute geworden ist. Dabei haben wir festgestellt, dass sich jeder Mensch im Lauf seiner Entwicklung an die Erfordernisse der sozialen Gemeinschaft anpasst, in die er hineinwächst.

Dabei übernimmt er die jeweiligen Fähigkeiten und Fertigkeiten, das Wissen, die Erfahrungen, die Überzeugungen und Vorstellungen, die Haltungen und die Verhaltensweisen, die Traditionen und die Visionen all jener Menschen, die ihm als Mitglieder dieser Gemeinschaften besonders wichtig sind, zu denen er sich hingezogen, mit denen er sich verbunden fühlt.

Es ist gleichgültig, ob diese individuellen Anpassungsleistungen freiwillig und mit Begeisterung vollbracht oder ob sie gezwungenermaßen vollzogen werden. In beiden Fällen kommt es durch derartige Anpassungsprozesse lediglich zu einer Stabilisierung, Fortschreibung, Verbesserung des in der betreffenden Gemeinschaft bereits Erreichten. Durch ihre Anpassungsleistungen können die Mitglieder der jeweiligen Gemeinschaften ja lediglich dazu beitragen, dass all das, was in dieser Gemeinschaft bisher schon entwickelt worden ist, nun noch besser, noch effizienter funktioniert. Das, was das Leben in solchen Gemeinschaften schon immer bestimmt hatte, wird so bestenfalls innerhalb einzelner Subgruppen weiter modifiziert und noch weiter vorangetrieben. Aber etwas Neues kommt so nicht in die Welt. Anpassung ist eine konservative Strategie. Die Mitglieder einer Gemeinschaft können über viele Generationen hinweg nur noch mit Anpassung beschäftigt sein. Passiv, ohne zu erkennen und sich bewusst zu werden, was mit ihnen geschieht, werden sie so, wie sie schon immer waren: so wie alle vor ihnen und alle anderen, die zu dieser Gemeinschaft dazugehören, mit denen sie sich so eng verbunden fühlen.

Und weil die Mitglieder einer solchen Gemeinschaft von gleichartig Angepassten auch immer vor sich selbst und vor anderen begründen müssen, weshalb sie gar nicht anders sein können als so, wie sie sind, suchen sie nach objektiven und für jeden anderen einsichtigen Erklärungen für ihr eigenes Verhalten.

Wie diese Begründungen aussehen und wer sie liefert, wollen wir uns im nächsten Kapitel etwas genauer anschauen.

4. Was haben wir uns alles eingeredet?

Warum können wir unsere Vorstellungen, worauf es im Leben ankommt, einander nicht einfach nur erzählen, ohne andere auch gleich dazu überreden zu wollen, sich unseren Ideen anzuschließen und womöglich gar dafür zu kämpfen, dass sie Wirklichkeit werden? Weshalb müssen wir uns mit unseren eigenen Ideen immer wieder so sehr identifizieren, dass sie unser gesamtes Denken, Fühlen und Handeln bestimmen? Weshalb versuchen wir auch noch als Erwachsene so zu leben, wie andere das von uns erwarten? Wie lange wird es noch dauern, bis wir endlich uns selbst und jeden anderen in seiner Einzigartigkeit zu sehen und anzuerkennen imstande sind? Wie lange wollen wir noch als Anhänger irgendwelcher Vorstellungen und als Verfechter irgendwelcher Ideen herumlaufen, die sich andere Leute ausgedacht haben?

Eine besonders beliebte und im letzten Jahrhundert stark verbreitete Vorstellung, mit der sich auf den ersten Blick sehr gut erklären ließ, weshalb Menschen dazu neigen, verschiedene Gruppen zu bilden, die sich für irgendetwas ganz besonders interessieren, war der Hinweis auf die unterschiedlichen genetischen Anlagen, die wir in uns tragen. Diese genetischen Programme sollten Menschen dafür prädestinieren, manches besser, anderes schlechter zu können, unterschiedliche Interessen zu haben und sich deshalb für manches mehr, für anderes weniger zu begeistern. Seitdem nun das menschliche Genom sequenziert worden ist und keine Gene gefunden wurden, die darüber bestimmen, wofür wir uns interessieren, werden neuerdings bestimmte Nervenzellverknüpfungen im Gehirn dafür verantwortlich gemacht. Und mit Hilfe funktioneller Kernspintomographie lässt sich ja auch wirklich zeigen, dass es im Hirn eines Briefmarkensammlers ganz anders flackert, dass dort also ganz andere neuronale Netzwerke aktiviert werden als im Gehirn eines Fußballfans, wenn man beiden entweder die Ergebnisse der letzten Bundesligaspiele oder eine blaue Mauritius vorzeigt. Beim Betrachten der Briefmarke passiert im Gehirn des Fußballfans so gut wie nichts.

Und wenn es nicht irgendwelche Bereiche im Gehirn sind, dann sind es angeblich eben die Hormone, die Menschen dazu bringen, sich so oder anders zu verhalten und sich für dieses oder jenes stärker zu interessieren und zu begeistern. Testosteron macht Männer aggressiv und Oxytocin macht Frauen kuschelig. Wir lieben einfache Erklärungen, vor allem solche, die uns suggerieren, etwas anderes als wir selbst sei dafür verantwortlich, dass wir so sind, wie wir sind.

Niemand kann einen anderen Menschen daran hindern, sich selbst zum Produkt seiner genetischen Anlagen zu erklären oder sein Handeln mit seinen Hirnaktivitäten und Hormonausschüttungen zu begründen. Allerdings macht sich jeder, der sich so betrachtet oder eine solche Zuschreibung übernimmt, selbst zum Objekt. In seiner eigenen Überzeugung ist er dann etwas, das von einer anderen Instanz, also von seinen genetischen Anlagen oder von seinen Genen, den Hormonen oder den Aktivitätsmustern in seinem Gehirn gesteuert wird. Er ist so, wie er ist, weil er zu dem, was er ist, gemacht worden ist. Von da an gibt es dann freilich auch nichts mehr an sich selbst zu entdecken. Fortan kann man lediglich noch immer weiter und immer eingehender erforschen und beschreiben, wie dieses Objekt, zu dem man sich selbst erklärt hat, beschaffen ist. Man kann untersuchen, wie es funktioniert, woraus es sich zusammensetzt, was man mit ihm und aus ihm machen oder eben nicht machen kann.

Aber eines verhindert diese Art, sich selbst zu denken, mit absoluter Sicherheit: nicht nur, dass wir Verantwortung für uns selbst übernehmen, sondern auch, dass wir uns selbst erkennen und entdecken können. Denn beim Erkennen und beim Entdecken handelt es sich ja um einen Prozess. Wenn man nun im Verlauf dieses Prozesses an irgendeiner Stelle meint, erkannt oder entdeckt zu haben, weshalb man so ist, wie man ist, dann ist es auch mit der Suche nach dem, was es an einem selbst alles noch zu erkennen und entdecken gibt, leider vorbei.

Wer aber ein Suchender bleiben will, der müsste sich selbst auf diesen wunderbaren Prozess einlassen, in dessen Verlauf er, je mehr er erkennt und entdeckt, umso weniger der bleiben kann, der er einmal war. Und in diesem Prozess müsste er mit dem, was er erkennen und entdecken will, in eine Beziehung treten, in eine Beziehung, die dem zu Erkennenden und zu Entdeckenden genügend Möglichkeiten bietet, sich zu zeigen und sich zu entfalten. Kleine Kinder erkennen und entdecken die Welt genau auf diese Weise, allerdings nur so lange, bis wir ihnen zeigen, wie etwas funktioniert, wie man es zerlegt und was man damit machen kann. Dann ist auch schon bei ihnen das Entdecken zu Ende, dann ist der Gegenstand des Interesses zum Objekt geworden, das man nun nur noch weiter untersuchen, manipulieren oder für bestimmte Zwecke nutzen kann. Wenn es sich um tote Gegenstände handelt, mag dieses Vorgehen berechtigt sein. Da gibt es ja auch nichts zu entdecken. Da kann man bestenfalls feststellen und beschreiben, wie es beschaffen, wie es gebaut ist, wie es funktioniert. Schlimmstenfalls ist am Ende einer solchen Untersuchung eben die Uhr kaputt.

Wenn der Gegenstand des Interesses aber lebendig ist, bleibt jeder Versuch, ihn zu erkennen und zu entdecken, indem man ihn zum Objekt macht und ihn gar in seine Einzelteile zerlegt, von Anfang an zum Scheitern verurteilt. Das, was ein Schmetterling ist, geht eben zwangsläufig verloren, sobald man ihn aufgespießt hat. Deshalb hat sich jeder, der sich selbst als Produkt der Expression seiner genetischen Anlagen betrachtet oder der sein Verhalten auf die Wirkung bestimmter Hormone oder die Aktivierung irgendwelcher neuronaler Strukturen zurückführt, gewissermaßen selbst aufgespießt. So lässt sich zwar ganz gut erklären, weshalb man so ist, wie man ist, und sich so verhält, wie man das immer wieder tut, aber mit den Flügeln schlagen und davonfliegen kann so jemand nicht mehr, noch nicht einmal mehr in der eigenen Vorstellung.

Wir konstruieren unsere eigene Wirklichkeit

Auf der Suche nach den Ursachen für die vielen Probleme, die unser Zusammenleben so schwer machen und uns daran hindern, unsere Potentiale zu entfalten und über uns hinauszuwachsen, stößt man immer wieder auf ein sonderbares Phänomen: Es sind eigentlich gar nicht die Menschen, die nicht so recht zusammenpassen, sondern die zum Teil recht unterschiedlichen, oft sehr widersprüchlichen und bisweilen sogar gänzlich unvereinbaren Vorstellungen und Überzeugungen, die sie in ihren Köpfen haben. Wenn wir also verstehen wollen, weshalb wir so sind, wie wir sind, müssten wir herauszufinden versuchen, wie diese zum Teil recht sonderbaren Vorstellungen in unsere Köpfe kommen.

Für einen Hirnforscher verbirgt sich hinter all diesen unterschiedlichen Bezeichnungen für das, was Menschen antreibt und sie dazu bringt, ihr Leben auf eine bestimmte Weise zu betrachten und zu gestalten, immer das Gleiche: Es sind strukturgewordene Erfahrungen, also im Lauf des Lebens erworbene und im Gehirn verankerte Verschaltungsmuster zwischen den Nervenzellen. Immer dann, wenn eine solche Verschaltung aktiviert wird, entsteht ein bestimmtes Erregungsmuster, das das Denken, Fühlen und Handeln eines Menschen bestimmt. »Rückgriff auf erfahrungsabhängig herausgeformte handlungsleitende, das Denken bestimmende, Orientierung bietende innere Bilder« wäre also die beste Bezeichnung für das, was Menschen dazu bringt, genauso zu denken, so zu empfinden oder so zu handeln, wie sie das immer dann tun, wenn diese inneren Muster aktiviert werden.

Aufgrund seiner individuell und im Zusammenleben mit anderen Menschen gemachten und im Hirn in Form bestimmter Nervenzell-Verschaltungen entsprechend verankerten Erfahrungen gelangt jeder einzelne Mensch im Lauf seines Lebens zu bestimmten Annahmen und entwickelt bestimmte Vorstellungen über die (soziale) Welt, über die Art seiner Beziehungen zur äußeren (sozialen) Welt und über seine Möglichkeiten zur Mitgestaltung dieser Welt. Diese Vorstellungen werden als innere Orientierungen, als Selbstwirksamkeitskonzepte und eigene Leitbilder im Hirn verankert. Sie bieten einem Menschen Halt und Sicherheit, bestimmen seine Entscheidungen, lenken seine Aufmerksamkeit in bestimmte Richtungen und sind daher ganz entscheidend dafür, wie und wofür der Mensch sein Gehirn benutzt und deshalb auch strukturiert. Die konkrete Form dieser inneren Bilder und Orientierungen, die ein Mensch im Lauf seines Lebens für seine weitere Lebensgestaltung herausbildet, hängt im hohen Maß von den jeweils vorgefundenen und als besonders »erfolgreich« bewerteten Vorbildern ab, die er als Heranwachsender innerhalb seines Kulturkreises und der dort herrschenden sozialen (familiären und gesellschaftlichen) Beziehungen vorfindet. Zwangsläufig ergibt sich daraus, dass die »Denkmuster«, die »Gefühlsstrukturen« und die im Lauf des Lebens erworbenen Fähigkeiten und Fertigkeiten von

Menschen aus verschiedenen Kulturkreisen – und innerhalb eines Kulturkreises, von Menschen aus unterschiedlichen Familien und Sippen, von Männern und Frauen, von Erstgeborenen und Nachgeborenen – mehr oder weniger stark voneinander abweichen. Da nirgendwo auf der Welt identische Bedingungen herrschen, unter denen die Menschen identische Erfahrungen machen, ist die in jedem menschlichen Gehirn herausgeformte Bilder- bzw. Vorstellungswelt ein einzigartiges Konstrukt.

Unsere Vorstellungen sind wie Ketten

In unserer aufgeklärten Zeit mit all den modernen Kommunikationsmöglichkeiten entsteht sehr leicht der Eindruck, das menschliche Gehirn sei in erster Linie für das Denken und den Austausch von Gedanken da. Aber dieser Eindruck täuscht. Unser Gehirn ist zum Lösen von Problemen optimiert, inneren wie äußeren, auch wenn durch die Art und Weise, wie wir es bisher überwiegend benutzt haben, zumeist mehr Probleme erzeugt als gelöst worden sind. Probleme zeichnen sich gegenüber alltäglichen Routinen dadurch aus, dass sie »unter die Haut gehen«, also mit einer Aktivierung körperlicher und emotionaler Reaktionsmuster einhergehen. Die dabei im Gehirn stattfindende Aktivierung emotionaler Zentren führt zur vermehrten Freisetzung neuroplastischer Botenstoffe. Sie bewirken eine effektive Stabilisierung und Bahnung der zur Lösung des problematischen Erlebens aktivierten neuronalen Verschaltungsmuster. Am Ende eines solchen Bahnungsprozesses haben wir nicht einfach nur etwas hinzugelernt, sondern eine neue Erfahrung gemacht. Und die ist nun im Gehirn verankert, und zwar als ein kognitives Netzwerk (was habe ich erlebt?), das an ein emotionales Netzwerk angekoppelt ist (wie ist es mir dabei ergangen?). Und wenn wir in bestimmten Lebensbereichen, also beispielsweise in der Familie, in der Schule oder im Betrieb immer wieder bestimmte Erfahrungen machen, dann verdichten sich diese Erfahrungen im Frontalhirn zu einer inneren Überzeugung, also einer bestimmten Vorstellung davon, worauf es – in der Familie, in der Schule, in der Firma – ankommt.

All diese aus unseren Erfahrungen erwachsenen und in unseren Gehirnen verankerten Vorstellungen haben eine wichtige biologische Funktion: es sind innere Bilder, die unser Denken, Fühlen und Handeln leiten. Und neben den individuell erfahrungsabhängig herausgeformten inneren Bildern gibt es in jeder Gemeinschaft natürlich auch noch durch gemeinsame Erfahrungen herausgeformte innere Bilder. Diese identitätstiftenden und Zugehörigkeit sichernden gemeinsamen Vorstellungen werden in Form bestimmter Ideen und Überzeugungen von den Mitgliedern der jeweiligen Gemeinschaft vertreten und weitergegeben.

»Ideen sind wie Ketten, derer man sich nicht entreißt, ohne sein Herz zu zerreißen.« Diese tiefe Einsicht in die Macht der eigenen Vorstellungswelt, der in unseren Hirnen verankerten Welt- und Menschenbilder, verdanken wir ausgerechnet dem Privatgelehrten und ideologischen Wegbereiter der Idee des Kommunismus, Karl Marx. Offenbar hat er gewusst, wovon er redet, und die Erkenntnisse, die die Hirnforscher in den letzten Jahren zutage gefördert haben, geben ihm recht: Nicht das viele Wissen, nicht die auswendig gelernten Lehrsätze, nicht die vielen gelesenen Ratgeber und Lehrbücher, sondern die Vorstellungen, die inneren Überzeugungen, die Welt- und Menschenbilder, mit denen wir herumlaufen, bestimmen unser Denken und Handeln. Sie versuchen wir zu verwirklichen, ihnen folgen wir, und an ihnen hängen wir wie in selbstgeschmiedeten Ketten. Ja, selbstgeschmiedet! Denn niemand ist mit irgendeiner dieser festen Vorstellungen davon auf die

Welt gekommen, wie man als Mensch zu sein hat, wie man sich in der Welt zurechtfindet, wie man anderen Menschen begegnet, ja auch wie man sich kleidet, wie Häuser gebaut, Räume eingerichtet werden sollen. Und wenn diese Vorstellungen so eng mit dem Herzen verbunden sind, dass man sich nicht von ihnen lösen kann, ohne »sein Herz zu zerreißen«, so heißt das eigentlich nur, dass an diesen Vorstellungen Gefühle hängen, dass unsere Vorstellungen, damals, als sie entstanden sind, an Gefühle gekoppelt worden sind, die sich nun nicht so ohne weiteres wieder davon abtrennen lassen. Deshalb schmerzt es so sehr, macht es uns wütend oder traurig, zerreißt es manchen sogar das Herz, wenn sich diese Ideen als falsch oder als nicht länger haltbar erweisen. Vor allem Politiker, Wissenschaftler und wohl auch manche anderen Weltverbesserer kennen diese Schmerzen zur Genüge.

Unsere Erfahrungen bestimmen unsere Bewertungen

Der Begriff »Vorstellung« oder »Überzeugung« betont lediglich etwas stärker den kognitiven Anteil von Erfahrungen. Er beschreibt aber letztlich nichts anderes als die Summe oder das Integral der in einem bestimmten Kontext (der Schule, der Arbeit, in Partnerschaften etc.) gemachten Erfahrungen. Er gleicht damit dem, was wir mit den stärker körper- und damit auch gefühlsbezogenen Begriffen »Haltung« und »innere Einstellungen« bezeichnen.

Körperliche Haltungen sind im Körper, in der körperlichen Struktur verankerte (»embodied«) Erfahrungen. Innere Haltungen und Einstellungen sind im Gehirn verankerte, mit emotionalen Netzwerken gekoppelte, integrierte Erfahrungen. Diese einmal erworbenen Haltungen (Einstellungen, Überzeugungen, Vorstellungen, Ideen), nicht das auswendig gelernte Wissen bestimmen darüber, wie und wofür ein Mensch sein Gehirn benutzt, wie er sich in bestimmten Situationen »verhält«.

Entscheidend dafür, was eine Person von der Welt wahrnimmt, worum sie sich kümmert, was sie als bedeutsam erachtet, wie sie sich äußert oder verhält – und damit wie und wofür sie ihr Gehirn benutzt –, sind nicht die objektiven Gegebenheiten, sondern die jeweilige subjektive Bewertung dieser Gegebenheiten durch die betreffende Person. Und die wird eben sehr maßgeblich bestimmt durch die von dieser Person im Lauf ihres bisherigen Lebens gemachten Erfahrungen und die daraus entstandenen inneren Einstellungen, Haltungen und Vorstellungen.

Die wichtigsten Erfahrungen machen Menschen immer dann, wenn sie gezwungen sind, bestimmte Probleme eigenständig zu bewältigen. Dabei eignet sich jeder Mensch neben bestimmten Fähigkeiten und Fertigkeiten auch Wissen an, das er für die Lösung künftiger Probleme nutzen kann. Das funktioniert umso besser, je häufiger eine Person mit unterschiedlichen Problemen konfrontiert ist, mit Problemen, die sie betroffen machen, die sie innerlich aufwühlen, emotional berühren und die gelöst werden müssen. Immer dann, wenn es zu einer solchen Störung des emotionalen Gleichgewichts kommt, werden im Gehirn tieferliegende Zentren aktiviert und bestimmte Botenstoffe ausgeschüttet, die dazu beitragen, all jene Nervenzellverschaltungen zu festigen und zu stabilisieren, die von der betreffenden Person zur Lösung des Problems und damit zur Wiederherstellung ihres emotionalen Gleichgewichtes besonders intensiv benutzt werden.

Welche Prozesse im Zuge einer solchen Störung des emotionalen Gleichgewichts aktiviert werden und welche langfristigen neuronalen Veränderungen dadurch ausgelöst werden, hängt davon ab, wie jeder für sich ganz individuell die jeweilige Belastungssituation bewertet, d. h. welche Vorerfahrungen beim

Versuch der Bewältigung ähnlicher Probleme bereits gemacht worden sind.

Vor einigen Jahren habe ich mit zwei Doktorandinnen eine Studie an einer Gruppe von Frauen durchgeführt, die zu einer dreiwöchigen Fastenkur in eine Fastenklinik gekommen waren. Wir wollten herausfinden, ob es im Verlauf dieser Fastenkur zu einer emotionalen Stabilisierung kommt. Wir wussten aus der Literatur und aus Berichten von Menschen, die so eine Fastenkur gemacht hatten, dass etwa ab dem dritten Fastentag das Hungergefühl verschwinden und sich ein fast euphorischer Zustand einstellen soll. Man ruhe dann stärker in sich selbst, sei ausgeglichener, auch offener und wahrnehmungsfähiger, gleichzeitig toleranter und kreativer. Und am Ende einer solchen Fastenzeit fühle man sich wie neugeboren. Um das messbar zu machen, bestimmten wir bei diesen Frauen in der Fastenklinik die nächtliche urinäre Kortisolausscheidung, die Frauen sammelten also jede Nacht ihren Urin, in dem dann der Kortisolgehalt gemessen wurde.

Die Ausschüttung des Stresshormons Kortisol in der Nacht sollte sich verringern, wenn der Stress und die emotionale Belastung während dieser Fastenzeit geringer werden. Das war unsere Hypothese. Als wir die Messdaten aller Frauen zusammenstellten, wurde deutlich, dass es bei manchen Frauen durchaus zu diesem Abfall der Kortisolausscheidung im Verlauf der Fastenperiode gekommen war. Dafür gab es aber auch fast ebenso viele, bei denen die Kortisolausscheidung in diesen drei Wochen immer weiter angestiegen war. Im Mittel über alle war gar nichts mehr erkennbar.

Als wir dann noch einmal in der Klinik nachfragten, stellte sich heraus, dass etwa die Hälfte der Frauen dieser Fastengruppe sogenannte freiwillige Faster waren, die sich schon auf die Fastenkur gefreut hatten. Die andere Hälfte war von irgend jemandem zum Abspecken dorthin geschickt worden. Bei diesen war dann der Kortisolspiegel angestiegen, sie hatten sich die ganze Zeit aufgeregt, und dieser Ärger hatte den ganzen Beruhigungseffekt des Fastens so sehr überlagert, dass sie am Ende nicht ausgeglichener, sondern noch gestresster waren als vorher.

Alles war für die Teilnehmerinnen dieser Fastenkur gleich: die schöne Klinik, das freundliche Personal, die netten Zimmer und die Gemüsesäfte, die sie anstelle von etwas Essbarem bekamen. Nur die Bewertung war in beiden Gruppen diametral verschieden, weil beide aus anderen Gründen und mit anderen Vorstellungen in diese Fastenklinik gekommen waren.

Diese Untersuchung zeigt auf sehr eindringliche Weise, dass es nicht die »Umwelt« oder die »Maßnahme« ist, die darüber bestimmt, was im Gehirn und im Körper eines Menschen passiert, sondern seine Bewertung. Wie ein Mensch etwas bewertet, hängt von den Vorstellungen, den inneren Einstellungen und Überzeugungen ab, die der betreffende Mensch hat. Und diese Vorstellungen und Überzeugungen sind das Ergebnis seiner jeweiligen, im bisherigen Leben gemachten Erfahrungen.

Irren ist menschlich

Die Erfahrungen, die wir Menschen im Laufe unseres Lebens machen, werden also in Form bestimmter neuronaler Verschaltungsmuster in unserem Gehirn verankert. Wichtige und häufig gemachte Erfahrungen hinterlassen gewissermaßen eingefahrene Spuren im Gehirn, die unsere Wahrnehmung, unser Denken, Fühlen und Handeln bestimmen und uns auf diese Weise immer wieder zu einer ganz bestimmten Art und Weise der Benutzung unseres Gehirns zwingen. Durch das, was die Hirnforscher »nutzungsabhängige Plastizität« nennen, entstehen so aus anfänglich noch sehr labilen Nervenwegen allmählich immer breitere Straßen und – wenn man nicht aufpasst – womöglich gar fest betonierte Autobahnen. Auf denen kann man dann unter Umständen mit rasanter Geschwindigkeit vorankommen, aber leider führen sie bisweilen in die falsche Richtung. Es ist dann meist sehr schwer, von solchen erfolgsgebahnten Highways im eigenen Hirn wieder herunterzukommen. Manchmal bedarf es dazu einer neuen Erfahrung in Form einer persönlichen Krise. Aber nichts ist so schwer wie das Eingeständnis, dass man sich völlig verrannt hat. Nur selten findet man in solch krisenhaften Situationen eine konstruktive Lösung.

Um den Einklang zwischen sich und der ihn umgebenden Welt herzustellen, kann ein Mensch versuchen, nicht mehr so viel an störenden Einflüssen aus dieser Welt wahrzunehmen. Dazu muss er sich stärker verschließen, sich abwenden und unsensibler gegenüber allem werden, was auf ihn einstürmt und was er zu bewältigen außerstande ist. Er wird so in sich gekehrt, der Welt zunehmend fremd und gerät in Gefahr, das zu verlieren, was er für sein Überleben ebenfalls braucht: die Beziehung zu einer sich immer wieder verändernden Außenwelt, damit die Regelmechanismen zur Aufrechterhaltung seiner inneren Ordnung nicht verkümmern. Er kann auch versuchen, diese ihn störenden und ihn in ihrer Veränderlichkeit immer wieder bedrohenden Einflüsse aus seiner ihn umgebenden Welt unter Kontrolle zu bringen. Dazu muss er seine Welt – und das sind immer die anderen Menschen, die ihn durch ihre Aktivitäten, ihre Wünsche, Forderungen und Wirkungen bedrohen – zu beherrschen suchen. Er muss Macht ausüben, die anderen zwingen oder sie mit subtileren Mitteln dazu zu bringen, sich so zu verhalten, wie es ihm gefällt. Er wird auf diese Weise hart und rücksichtslos und unsensibel und gerät ebenfalls in Gefahr, in der von ihm nach seinen Maßstäben geschaffenen Welt Lebenswichtiges zu entbehren: neuartige Impulse von außen, um die Regelmechanismen zur Aufrechterhaltung seiner inneren Ordnung in Gang zu halten.

Allzu oft führen kurzfristig erfolgreiche Anpassungsprozesse zur Stabilisierung und Bahnung und damit zur zunehmenden Verfestigung von Vorstellungen und Überzeugungen, die falsch sind. Wenn bestimmte Herausforderungen sehr häufig auftreten, werden zu ihrer Bewältigung kurzfristig erfolgreich eingesetzte und deshalb immer wieder eingeschlagene Strategien für allgemeingültiger gehalten, als sie das in Wirklichkeit sind. Im Ergebnis dieser Prozesse kann es zu einer Vielzahl »erfolgsgebahnter psychischer Erblindungsphänomene« kommen, die sich schließlich sogar als psychische Abhängigkeiten von eben diesen immer wieder eingeschlagenen Strategien des Denkens, Fühlens und Handelns manifestieren. Es ist bemerkenswert, dass wir im deutschen (im Gegensatz zum englischen) Sprachgebrauch für all diese, bis zur Abhängigkeit gebahnten Bewältigungsstrategien den Ausdruck »Sucht« verwenden: Machtsucht, Karrieresucht, Prunksucht, Geltungssucht, Vergnügungssucht etc.

Personen, die solche einfachen einseitigen Lösungen gefunden haben, halten ihre einmal entwickelten Strategien für allgemeingültiger, als sie in Wirklichkeit sind, und neigen dazu, neue Herausforderungen immer wieder mit den alten, gebahnten Strategien bewältigen zu wollen. Menschen, bei denen solche Autobahnen im Hirn entstanden sind, werden in ihren Haltungen immer rigider, verlieren zunehmend an Flexibilität und stehen sich immer stärker selbst im Wege, wenn es darum geht, nach neuen Lösungen zu suchen. Und wenn sie irgendwann endlich bemerken, wie brüchig das Fundament geworden ist, auf dem sie stehen, ist es nicht selten bereits zu spät. Dann wird die Angst und die damit einhergehende Stressreaktion immer weniger kontrollierbar. Den destabilisierenden Wirkungen dieser Reaktion sind sie hilflos ausgesetzt. Ihr Immunsystem bricht zusammen, das Hormonsystem verliert seine integrative Funktion, die Testosteronspiegel rutschen mitsamt der Libido in den Keller, das Kreislaufsystem spielt verrückt, die Verdauung funktioniert auch nicht mehr richtig, Schlafstörungen werden zu einem Dauerproblem, Ängste machen sich breit und verhindern jeden klaren Gedanken. Jeder, der an diesem Punkt angekommen ist, weiß, dass es so nicht weitergehen kann, dass er eine Möglichkeit finden muss, um diese Reaktion und die damit einhergehenden Destabilisierungsprozesse anzuhalten. Aber wie soll unter solchem Druck eine gute Lösung gefunden werden?

Jede schwerwiegende Irritation oder Belastung erzeugt im Hirn eine sich ausbreitende Erregung, die dazu führt, dass nur noch auf der Ebene der besonders stabilen, durch bisherige Erfahrungen bereits gut gebahnten Verschaltungsmuster ein entsprechendes, handlungsleitendes Aktivierungsmuster aufgebaut werden kann. Deshalb führt jeder Leistungs-, Erwartungs-, Handlungs- oder sonstige Druck immer zum Rückfall in bereits bewährte Strategien. Bisweilen sogar zu Reaktionen, die schon während der frühen Kindheit gebahnt worden sind und – wenn es besonders eng wird – sogar zum Rückfall in archaische Notfallreaktionen. Die sind im Hirnstamm nicht nur bei uns, sondern auch bei Tieren angelegt und führen, wenn sie aktiviert werden, zu Angriff oder Verteidigung, zu panischer Flucht und zuletzt – wenn gar nichts mehr geht – zu ohnmächtiger Erstarrung.

Je größer der Druck und die dadurch sich im Gehirn ausbreitende Erregung wird, desto tiefer geht es also auf der Stufenleiter der noch aktivierbaren, handlungsleitenden Muster wie in einem Fahrstuhl hinab. Das Verhalten wird einfacher. Regression nennen das die Psychologen. Und weil dann im Hirn weniger regionale Netzwerke miteinander synchronisierbar sind und miteinander in Beziehung treten kön-

nen, werden die Reaktionen auch entsprechend robuster und
eindeutiger.

Wir sind keine Maschinen

Viele Menschen glauben noch immer, dass Gesundheit auf
einem besonders hohen Maß an innerer Ordnung beruht und
dass Krankheit durch die Störung dieser Ordnung verursacht
wird. Sie betrachten den Arzt als einen Reparateur, der abge-
nutzte Teile identifiziert, wieder in Gang setzt oder, wenn das
nicht geht, auswechselt. Ein solcher Patient verhält sich weitgehend passiv. Er meint, irgendetwas in seinem Körper (oder
in seinem Gehirn) funktioniere nicht mehr richtig, und erwartet vom Arzt eine möglichst rasche und effektive Behebung
der aufgetretenen Funktionsstörung. Wenn die Reparatur gelingt, sind beide zufrieden und gehen mit einer gefestigten,
wenngleich nach wie vor falschen Vorstellung über das, was
Krankheit ist, auseinander. Der Rest ist programmiert: Die
Symptome treten entweder erneut oder an anderer Stelle wieder auf. Irgendwann ist der Maschinist am Ende seiner Kunst
und der Patient, tief erschüttert in seinem festen Vertrauen,
wechselt den Arzt, einmal, zweimal, dreimal, traut am Ende
keinem mehr und landet unter Umständen bei einem Wunder-
heiler. Der schafft womöglich sogar das Erhoffte und entlässt
den Patienten mit einer modifizierten, aber noch immer gleichermaßen falschen Vorstellung von Krankheit. Das Fühlen,
Denken und Handeln eines solchen Patienten bleibt nach wie
vor bestimmt von der in seinem bisherigen Leben immer
wieder gemachten Erfahrung, dass (fast) alles, was ihm wichtig, lieb und teuer ist (sein Auto, sein Videorecorder, seine
Waschmaschine etc.), wenn es einmal nicht mehr funktionierte, prinzipiell wieder zu reparieren war. Dieses für Maschinen

gültige Reparaturdenken wurde zeitlebens gebahnt und gefestigt, und es wird sich nicht auflösen, solange sich immer wieder jemand findet, der verspricht, den betreffenden Menschen und alles, was ihm wichtig ist, falls erforderlich, zu »reparieren«.

Zwischen den Anbietern derartiger Reparaturleistungen und ihren Kunden besteht deshalb eine wechselseitige Abhängigkeit. Der Therapeut braucht Patienten, die daran glauben, dass er sie reparieren, also wieder gesund machen kann. Und die Patienten brauchen Therapeuten, die ihre Erwartungshaltung erfüllen, dass ein Profi mit den richtigen Techniken und den richtigen Medikamenten ihre Pumpe oder ihr Gelenk oder ihr Gehirn wieder zum Funktionieren bringt. Je mehr die Patienten in diesem Reparaturdenken gefangen bleiben, umso stabiler ist die Nachfrage nach entsprechenden Reparaturleistungen und umso besser sind die Verdienstmöglichkeiten für die Vertreter dieser Reparaturmedizin.

Niemand, auch keine noch so clevere Vermarktungsabteilung der Gesundheitsindustrie, kann Menschen dazu bringen, sich selbst als Maschinen zu betrachten, die repariert werden können, wenn sie kaputt sind. Das ist ja eine innere Überzeugung, eine Einstellung zu sich selbst. So eine Vorstellung übernimmt man vielleicht von jemandem, der einem besonders wichtig ist, mit dem man sich emotional verbunden fühlt, also von den eigenen Eltern beispielsweise. Aber wie sind die oder deren Eltern auf so eine Idee gekommen? Um eine solche Vorstellung so nachhaltig im Gehirn zu verankern, muss es bei den Vertretern vorangegangener Generationen zu einer Aktivierung ihrer emotionalen Zentren im Gehirn gekommen sein, wenn sie wieder einmal erlebten und über das staunten, was Maschinen alles konnten. Und tatsächlich braucht man nur wenige Berichte über die Errungenschaften des Maschinenzeitalters aus der damaligen Zeit zu lesen, um zu begreifen, mit welchem Enthusiasmus die Einführung der Dampfmaschinen, der Eisenbahn, des Autos, des Telefons, der Flugzeuge, Waschmaschinen oder Dampfbügeleisen in den Medien damals gefeiert worden sind. Fast alle müssen damals davon fasziniert gewesen sein, dass diese Maschinen etwas zu leisten vermochten, wozu kein Mensch imstande war. Man bewunderte diese Maschinen und man begeisterte sich dafür. Dadurch kam es im Hirn der Menschen damals, häufiger als wir uns das heute vorstellen können, zur Aktivierung der emotionalen Zentren, die Gießkanne der Begeisterung in ihrem Hirn ging an, und die dabei vermehrt freigesetzten neuroplastischen Botenstoffe sorgten dafür, dass die im Zustand der Begeisterung aktivierten Netzwerke auch gut gedüngt wurden. So wurde die Vorstellung in den Hirnen unserer Vorfahren verankert, dass Maschinen etwas Großartiges sind und sie selbst am liebsten auch wie Maschinen funktionieren würden.

Diese Vorstellung ist von den späteren reparaturmedizinischen Vordenkern und Wegbereitern nur aufgegriffen und genutzt worden.

Ausgedacht hat sie sich niemand. Die noch heute verbreiteten und der Reparaturmedizin bis heute zugrundeliegenden Vorstellungen und Überzeugungen verdanken ihre Herausbildung einzig und allein der Bedeutsamkeit, die Maschinen während der Blütezeit des Maschinenzeitalters für Menschen damals gewonnen hatten. Wenn die Leute diese Maschinen nicht als so bedeutsam erlebt hätten, hätten sie sich auch nicht dafür begeistert, und dann wäre auch in ihren Hirnen nichts weiter davon hängengeblieben.

Jetzt geht das Maschinenzeitalter zu Ende, und damit werden nun auch die alten Vorstellungen nicht länger genährt und gedüngt, die das bisherige Selbstverständnis von Patienten und Ärzten gleichermaßen bestimmt haben.

Wir sind auch keine Wettkämpfer

Keine andere Vorstellung hat die Art und Weise unseres Zusammenlebens so stark geprägt und ist so tief in den Gehirnen der Menschen unserer modernen Industriegesellschaft verankert wie die Idee, dass der Wettbewerb die entscheidende Grundlage und wichtigste Voraussetzung für jede Weiterentwicklung sei. So haben wir Darwins Erkenntnisse über die Entstehung der Arten und die Evolution des Menschen interpretiert. So versuchen wir bis heute auf allen Ebenen unseres Zusammenlebens Bedingungen zu schaffen und aufrechtzuerhalten, die dafür sorgen, dass sich in allen Lebensbereichen diejenigen durchsetzen, die allen anderen überlegen sind. Wir erzeugen deshalb in unseren Bildungseinrichtungen, in Betrieben und Organisationen Leistungsdruck und Konkurrenz, um – unter Berufung auf den Prozess der natürlichen Auslese als Motor der Evolution – diejenigen auszulesen, die unter diesen Bedingungen Höchstleistungen erzielen. Und wir machen dabei alle anderen zu Verlierern und sortieren all jene aus, die diese Leistungen nicht zu erfüllen imstande oder willens sind. Wir glauben sogar, dass Menschen ohne diesen Konkurrenzdruck die in ihnen angelegten Potentiale gar nicht entfalten können.

Dabei müssten wir doch längst begriffen haben, dass Menschen unter Wettbewerbsdruck sich nicht weiterentwickeln und ihre Potentiale entfalten, sondern dass das, was durch das Schüren von Konkurrenz hervorgebracht wird, nur fortschreitende Spezialisierungen sind. Fachidioten und Leistungssportler kann man durch Wettbewerb erzeugen, aber nicht umfassend gebildete, vielseitig kompetente und umsichtige, vorausschauend denkende und verantwortlich handelnde, in sich ruhende und starke, beziehungsfähige Persönlichkeiten. Solche Entwicklungen eines Menschen werden durch Konkurrenzdruck nicht ermöglicht oder begünstigt. Sie werden unter diesen Bedingungen verhindert. Wettbewerb erzeugt stromlinienförmige Angepasstheit, nicht aber Komplexität und Beziehungsfähigkeit. Auch nicht im Gehirn.

Wie aber, so müssen wir uns jetzt fragen, war es möglich, dass sich in unseren Köpfen die Vorstellung verfestigen konnte, ohne Wettbewerb sei keine Weiterentwicklung möglich? Wie konnte es passieren, dass wir Spezialisierung mit Weiterentwicklung verwechselt haben? Auch hier ist die Antwort einfach: Es passte zu den Interessen, die wir bisher verfolgt haben, und das waren in erster Linie die Interessen des Wirtschaftssystems, das unser Leben bisher bestimmt hat. Wir haben zugelassen und sogar aktiv dazu beigetragen, dass dieses Wirtschaftssystem sich in dieser Weise entwickeln konnte. Weil es uns Vorteile verschaffte, weil es uns Möglichkeiten eröffnete, die uns ohne all das, was es hervorgebracht hat, verschlossen geblieben wären. Aber wozu haben wir diese Möglichkeiten genutzt? Um ein bequemes, angepasstes Leben zu führen. Auf Kosten anderer, die in diesem inzwischen global gewordenen Wettbewerb auf der Strecke geblieben sind. Und die bereiten uns nun zunehmende Unbequemlichkeiten.

Auch in der Evolution ist der Wettbewerb weder Grundlage noch Voraussetzung für wirkliche Weiterentwicklung. Konkurrenz führt immer nur dazu, dass das, was bereits entstanden ist, weiter spezialisiert wird. So entsteht durch Wettbewerb aus der Anlage einer fünfstrahligen Vorderextremität bei manchen Arten eine Flosse, bei anderen eine Grabschaufel, bei anderen ein Flügel, und bei uns eben eine Hand. Das sind aber nur unterschiedliche Spezialisierungen von etwas, was bereits da war, also in diesem Fall die Anlage einer fünfstrahligen Extremität. Wie die aber entstehen konnte, darüber gibt uns der Darwinismus keine Auskunft.

Nach einer Antwort auf diese eigentlich entscheidende Frage

haben wir aber bisher auch gar nicht gesucht. Dazu hatten wir ja auch keine Veranlassung. Uns hat es interessiert, was sich aus einer vorderen Extremität alles machen, wie sie sich für bestimmte Zwecke spezialisieren und nutzen ließ. Deshalb haben wir uns auch nicht um eine Klärung dieser Frage bemüht, wie im Verlauf der Evolution all das als Potential entsteht, was dann später durch den Wettbewerb in abstruseste Spezialisierungen getrieben wird. In Spezialisierungen, die ein Überleben der jeweiligen Spezies in immer engeren ökologischen Nischen ermöglichten, die aber diejenigen Arten, die durch ihre jeweiligen Spezialisierungen diese Nischen erfolgreich besetzen konnten, daran hinderten, sie jemals wieder zu verlassen. Ist es das, was wir durch das Anheizen des Wettbewerbs in unserer Gesellschaft erreichen wollen?

Wie lange könnte ein Gesamtorganismus, also Sie oder ich, wohl überleben, wenn seine Lunge mit der Leber, sein Darm mit dem Pankreas oder sein Hirn mit dem Herz in Konkurrenz darum stritten, wer die besseren Leistungen vollbringt?

Das Ende der Ideologien

Eine wichtige Lernerfahrung nehmen wir jetzt mit in die nächste Epoche: Wer sich für eine bestimmte Idee begeistert, bekommt auch ein Hirn, mit dem er seiner Begeisterung für diese Idee besonders gut nachgehen, mit dem er diese Idee besonders gut verfolgen kann. Es gibt immer wieder Zeiten, in denen es fast unvermeidlich ist, dass sich sehr viele Menschen für etwas Bestimmtes begeistern. Für Maschinen zum Beispiel, wie wir eben gesehen haben. Oder für elektronische Geräte und die Möglichkeiten digitaler Medien, wie wir das gegenwärtig erleben.

Auch diese Begeisterungswelle wird dazu führen, dass sich nun bestimmte Vorstellungen und Überzeugungen in den Gehirnen der Menschen verfestigen. Auch diesmal werden wir in einigen Jahren feststellen, dass die Art und Weise, wie die Menschen sich dann selbst betrachten und was sie für anstrebenswert halten, dem sehr nahekommt, was sie auch an den von ihnen so intensiv benutzten digitalen Medien am meisten bewundern.

Die ersten Anzeichen sehen wir bereits heute. Wir halten Multitasking für eine erstrebenswerte Fähigkeit, schnellste Reaktionen für wünschenswert und Vernetzung für ein Zukunftsmodell, egal wer sich wofür vernetzt. Multioptional hätten wir es inzwischen auch immer lieber.

Weiter zurück, in der Feudalgesellschaft, war den Menschen ebenso zwangsläufig ganz anderes wichtig als uns heute. Und für diejenigen Menschen, die vor zehntausend Jahren sesshaft geworden waren, die Haustiere züchteten und Felder bewirtschafteten, sind damals sehr viele Wahrnehmungen, Kenntnisse, Lebensweisen und Fähigkeiten bedeutsam geworden, die den an ihnen vorbeiziehenden Nomadenvölkern völlig schnuppe waren.

Nicht all das, was die Welt uns bietet, ist entscheidend dafür, wie und wofür wir unser Gehirn benutzen, sondern nur das, was wir von all dem, was die Welt uns bietet, als wichtig und bedeutsam erachten. Das entscheidet darüber, wofür wir unser Gehirn mit Begeisterung benutzen und was für ein Gehirn wir dann eben auch bekommen.

»Panta rhei«, alles ist in Bewegung, alles entwickelt sich und nichts bleibt so, wie es einmal war. Heraklit soll dieses Bild eines fließenden Flusses gefunden haben, um das zu beschreiben, was sich wohl nur mit einem menschlichen Gehirn begreifen lässt:

Die Welt, in der wir leben, verändert sich, wir selbst auch. Und weil das so ist, sind wir auch immer wieder gezwungen, die bisherigen Vorstellungen, die wir uns von der Welt und von uns selbst gemacht haben, an die jeweils neu entstandenen Gegebenheiten anzupassen. Allzu bereitwillig übernehmen wir dabei oft all jene Ideen, die uns hilfreich für die eigene Lebensgestaltung erscheinen, jedenfalls dann, wenn sie zu all jenen Vorstellungen passen, mit deren Hilfe wir uns bisher einigermaßen erfolgreich in der Welt zurechtgefunden haben. Aber das Loslassen einmal gewonnener Überzeugungen oder von anderen übernommener Vorstellungen fällt uns schwer. Vor allem dann, wenn wir damit bisher gut gefahren sind, wenn sie sich also als hilfreiche Orientierungen erwiesen haben. Ganz besonders aber dann, wenn es sich um Vorstellungen handelt, die wir mit vielen anderen oder mit für uns besonders wichtigen Menschen teilen. Unser Denken ist enger mit unserem Fühlen verbunden, als wir das bisher zuzugeben bereit waren. Und manchmal rennen wir leider auch hinter bestimmten Ideen her, die uns daran hindern, die Probleme zu lösen, die wir mit genau diesen Ideen erzeugt haben.

Die alte Vorstellung, wir seien in der Lage, mit Hilfe unseres Verstandes die Welt nach unseren Vorstellungen zu gestalten, hat sich als fataler Irrtum erwiesen. Ganz offensichtlich ist es uns kraft unserer Ideen und der daraus möglich gewordenen Abspaltung und Unterdrückung unserer Gefühle gelungen, die Welt nach unseren Vorstellungen zu verändern. Aber mit unseren Vorstellungen von einer »besseren Welt« haben wir nicht nur recht viel bewegt, sondern auch viel zerstört. Was wir hätten merken können, aber nicht bemerken wollten, weil es nicht zu unseren Vorstellungen passte, haben wir nicht oder erst viel zu spät erkannt.

All das, was nicht deutlich genug sichtbar wurde, um unseren Verstand wachzurütteln, haben wir bei unserer eifrigen Gestaltung der Welt nach unseren Vorstellungen nur allzu leicht und allzu gern übersehen. Nun ist die von uns auf diese Weise gestaltete Welt vor allem eines geworden: komplizierter, weniger überschaubar und schwer zu kontrollieren. Jetzt geht es uns ähnlich wie dem Zauberlehrling, der den vermeintlich guten Geist, den er rief, wieder loszuwerden versucht. Nur ganz allmählich und recht schmerzlich wird uns bewusst, wie schwer es uns fällt, uns von Vorstellungen zu verabschieden, die unser Fühlen, Denken und Handeln über so lange Zeit und über so viele Generationen hinweg so erfolgreich gelenkt haben. Was sich für die Verfechter der vielen Ideen von einer besseren Welt inzwischen schneller als von ihnen erwartet bewahrheitet hat, steht uns mit unserer abendländischen Vorstellung von Weltverbesserung allerdings noch bevor: ein möglichst klagloser und wenig Aufsehen erregender Abschied vom Machbarkeitswahn.

So geht das Zeitalter der nackten Vernunft kleinlauter zu Ende, als es begonnen hatte. Die erst vor wenigen Jahrhunderten aufgekeimte und dann lauthals verkündete Hoffnung, der Mensch sei mit Hilfe seines Verstandes und rationaler Entscheidungen in der Lage, Krieg und Elend, Not und Leid, sogar seine Ängste und Krankheiten zu überwinden, hat sich nicht erfüllt. Und glücklicher sind die Menschen auch nicht geworden, geschweige denn zuversichtlicher. Die Experten der WHO prognostizieren für die kommenden Jahre einen dramatischen Anstieg von Depressionen und Angst-bedingten psychosomatischen Erkrankungen in den hochentwickelten Industriestaaten. Ein Mangel an Wissen kann die Ursache dafür nicht sein. Nie zuvor in der Menschheitsgeschichte war der Zuwachs an neuen Erkenntnissen so groß wie heute. Nie zuvor war Wissen in dieser Menge für so viele Menschen verfügbar. Und noch nie gab es so viele technische Möglichkeiten, sich zu informieren, Wissen untereinander auszutauschen und miteinander in Kontakt zu treten. Die überwiegende Mehrheit der Menschen in den hochentwickelten Industriestaaten leidet auch nicht an einem Mangel an materiellen Gütern. Von Hunger und Armut sind nur wenige bedroht. Obwohl die ärztliche Kunst in diesen Ländern in den letzten Jahrzehnten enorme Fortschritte gemacht hat und die medizinische Versorgung immer besser geworden ist, steigt die Zahl körperlich kranker und seelisch leidender Menschen ständig weiter an.

Irgend etwas stimmt nicht. Irgendwie sind wir auf unserer Suche nach einem besseren Leben in eine Sackgasse geraten. Genau das, was manche schon seit längerem geahnt oder gar prophezeit hatten, scheint jetzt eingetreten zu sein: Der nackte Verstand, mit dem wir bisher versucht haben, besser voranzukommen, hat uns offenbar auf einen fatalen Irrweg geführt. Mit Hilfe unseres rationalen Denkens ist es uns zwar gelungen, die größten Bauwerke zu errichten, die es jemals auf der Erde gab, alle nur denkbaren technischen Hilfsmittel zur Erleichterung des Lebens zu erfinden, sogar auf den Mond zu fliegen und ein erdumspannendes Kommunikations- und Informationsnetz aufzubauen. Aber die Probleme, die uns das Leben und vor allem unser Zusammenleben bereitet, sind in den letzten Jahren eher größer als geringer geworden.

So stellt sich – erstmals seit dem Beginn der Aufklärung – wieder die Frage, ob der Mensch wirklich gut beraten ist, wenn er sich bei seinen Entscheidungen allein auf seinen Verstand und seine Fähigkeit zum rationalen Denken verlässt. Die Antwort auf diese Frage ist einfach und nach allem, was wir in den letzten Jahren an neuen Erkenntnissen über die Funktionsweise des menschlichen Gehirns in Erfahrung gebracht haben, paradoxerweise sogar mit wissenschaftlichen Verfahren – also durch den Einsatz von Verstand und rationalem Denken – beweisbar geworden: Das Denken allein ist kein geeignetes Instrument, um sich damit in der Welt zurechtzufinden. Im Gegenteil. Je komplexer die mit Hilfe dieser Ratio gestaltete Lebenswelt wird, je stärker sich das Spektrum der Handlungsmöglichkeiten des Menschen erweitert, desto mehr versagt das

rationale Denken, wenn es darum geht, komplexe Zusammenhänge zu erfassen und sinnvolle, d. h. das eigene Überleben
sichernde, Weiterentwicklung ermöglichende Entscheidungen
zu treffen.

So geht das Zeitalter der Rationalität mit einer bemerkenswerten Erkenntnis zu Ende: Denken können wir, was wir wollen. Sogar Handeln können wir – zumindest eine Zeitlang –
nach unserem eigenen Gutdünken. Aber um glücklich und
zufrieden, mutig und zuversichtlich leben zu können, müssen
wir in der Lage sein, etwas zu empfinden. Wir müssten also die
Intelligenz und die Kraft unserer Gefühle wieder erkennen,
schätzen und nutzen lernen. Nur so könnten wir einen Ausweg
aus dem Irrsinn unserer gegenwärtigen Lebenswelt finden, in
den uns der Einsatz des nackten Verstands geführt hat. Wir
müssten versuchen, die verloren gegangene Einheit von Denken, Fühlen und Handeln, von Rationalität und Emotionalität,
von Geist, Seele und Körper wiederzufinden. Sonst laufen wir
Gefahr, uns selbst zu verlieren.

Wir werden also Abschied nehmen müssen von der noch aus
dem Maschinenzeitalter stammenden Idee, der Mensch sei
zerleg- und reparierbar wie ein Auto. Wir werden auch Abschied nehmen müssen von der jahrhundertealten Vorstellung,
dass unser Denken von unserem Fühlen folgenlos getrennt und
als separate Entität betrachtet werden könnte. Und wir werden
auch gleich wieder Abschied nehmen müssen von der gegenwärtig noch mit viel Emphase von manchen Hirnforschern
propagierten Vorstellung, man müsse nur das Gehirn eines
Menschen hinreichend gut analysieren, um zu verstehen, was
er denkt, wie er fühlt und weshalb er so handelt, wie er es tut.
Sicher war in der Vergangenheit vieles von dem, was Menschen
geschaffen oder angerichtet haben, nur deshalb zu leisten, weil
sie diese sonderbare Kunst, ihr Denken von ihrem Fühlen
abzutrennen, so gut erlernt hatten, oder besser: weil sie so gut

dazu gezwungen wurden. Aber dieser Umstand macht nur allzu deutlich, dass es da noch eine zweite, zumindest ebenso fatale wie falsche Vorstellung gibt, von der die Menschen des nun auslaufenden Zeitalters zumindest in der westlichen Welt ebenso fest überzeugt waren: dass all das, was im Gehirn eines einzelnen Menschen vorgeht, losgelöst von all dem betrachtet, analysiert und verstanden werden könne, was in den Gehirnen all jener anderen Menschen passiert, bei denen er aufwächst, mit denen er in Beziehung tritt, die er braucht und die ihn brauchen, um gemeinsam über sich hinauswachsen zu können. Wir müssten also sorgfältiger darauf achten, was wir uns gegenseitig alles einreden. Und wir müssten besser aufpassen, dass wir einander nicht wie Objekte benutzen. Wie schnell das passiert und weshalb das leichter geschehen kann, als man denkt, schauen wir uns im nächsten Kapitel etwas genauer an.

5. Was haben wir aus uns gemacht?

Warum wollen wir aus uns oder aus anderen ständig etwas machen? Und weshalb ausgerechnet das und nicht etwas anderes? Was leben wir unseren Kindern vor? Wofür sind wir ihnen Vorbild? Was brauchen sie, was erwarten sie von uns? Wovon hätten wir im Leben selbst etwas mehr gebraucht, um es heute an andere Menschen verschenken zu können?

Können Sie sich vorstellen, was aus Ihnen geworden wäre, wenn Sie nicht hier in Deutschland, sondern irgendwo anders zur Welt gekommen und aufgewachsen wären? Vielleicht in der mongolischen Steppe, in den Slums von Kalkutta oder im tropischen Regenwald Brasiliens? Sie wären jemand geworden, der ganz andere Erfahrungen gemacht hätte, der anderes gelernt, andere Fähigkeiten erworben, sich anderes Wissen angeeignet hätte. Aussehen würden Sie – zumindest nackt – wohl noch so ähnlich, wie Sie heute aussehen. Aber Sie würden ganz anders denken, wohl auch anders empfinden und sich mit Sicherheit ganz anders verhalten, und Sie hätten natürlich auch ein völlig anderes Gehirn, jedenfalls in all jenen Bereichen, die sich erst erfahrungsabhängig nach der Geburt strukturieren.

Sie hätten sich also nicht einfach nur an die Lebensweise derjenigen Menschen angepasst, bei denen Sie aufgewachsen sind. Sie wären auch so geworden wie sie. Auch konstitutionell. In Bezug auf die Ausprägung einzelner körperlicher Merkmale nur so gut, wie das im Rahmen Ihrer genetischen Ausstattung möglich war. Aber die komplexen neuronalen Vernetzungen in

Ihrem Großhirn hätten sich von ganz allein genauso herausgeformt wie bei all den anderen Kindern, mit denen Sie in den jeweiligen Lebensräumen aufgewachsen wären – als Baumkletterer, Lumpensammler oder Schafzüchter. Genetisch wären Sie gleich geblieben, aber Sie hätten sich anders zu bewegen gelernt, hätten auf anderes geachtet, hätten anderes wichtig gefunden und sich über anderes gefreut. Sie hätten sich an anderen Vorbildern orientiert, hätten andere Regeln und Rituale, andere Wertmaßstäbe und andere religiöse Überzeugungen übernommen. Und all das wäre in Form neuronaler Netzwerke und synaptischer Verschaltungsmuster strukturell ebenso fest in Ihrem Gehirn verankert worden, wie all das in Ihrem Hirn verankert worden ist, was Sie hier in Deutschland, in Österreich oder in Schweiz erfahren, erlebt und eingeübt haben, vielleicht auch erfahren, erdulden und einüben mussten.

Und nun können wir das gleiche Gedankenexperiment noch einmal machen, nur diesmal stellen Sie sich einfach vor, Sie wären nicht in eine andere Kultur auf einem anderen Kontinent, sondern nur in eine andere Familie in derselben Straße oder in derselben Stadt hineingewachsen. Also beispielsweise als erstes und einziges Kind der Professorenfamilie aus dem Villenviertel mit der genervten, ewig meckernden Frau. Die wäre dann Ihre Mutter gewesen. Oder als sechstes Kind der Familie aus der Bahnhofstraße. Das ist die Familie, in der der Mann schon seit Jahren arbeitslos und fast immer betrunken ist und dessen Frau im Supermarkt an der Kasse arbeitet, abends bis zehn. Das wären dann Ihre Eltern gewesen.

Genauso gut könnten Sie aber auch als Kind der alleinerziehenden Mutter aufgewachsen sein, die ihrem damaligen Partner zuliebe in diese Stadt gezogen und dann von ihm betrogen und verlassen geworden ist. Außer Ihnen hätte diese arme Frau niemanden gehabt, mit dem sie ihr Leid teilen konnte.

Gern können Sie das Spektrum der familiären Lebenswelten noch um einige andere Beispiele aus Ihrem Wohnviertel oder Bekanntenkreis erweitern. Sie ahnen ja bereits, worauf das Ganze hinausläuft. Sie hätten auch hier, in Ihrer Gegend, ein völlig anderes Gehirn bekommen, je nachdem, in welche dieser Familien Sie hineingewachsen wären. Wie die unterschiedlichen Erfahrungen in einem anderen Kulturkreis hätten auch die unterschiedlichen Erfahrungen in so verschiedenen Familien dazu geführt, dass Sie ein anderer Mensch mit anderen Bewertungen, Vorlieben, Fähigkeiten und Fertigkeiten geworden wären. Und Sie ahnen auch, was dann sichtbar würde, wenn Sie – als jede dieser drei Varianten – von einem Gehirnforscher in einen Kernspintomographen geschoben und Ihr Gehirn mit dem verglichen worden wäre, mit dem Sie heute herumlaufen. Es würde bei jeder dieser Personen nicht nur sehr unterschiedlich flackern, wenn sie alle ein und dieselbe Aufgabe lösen müssten, wenn alle ein bestimmtes Bild betrachten würden oder wenn ihnen ein bestimmtes Musikstück vorgespielt würde.

Möglicherweise wären sogar einzelne Bereiche in diesen verschiedenen Gehirnen unterschiedlich stark ausgeprägt. Sie hätten ja mit Ihrem Gehirn während Ihrer gesamten bisherigen Entwicklung in diesen verschiedenen Familien ganz unterschiedliche Dinge gemacht. Sie hätten auf anderes geachtet, Ihnen wäre anderes wichtig gewesen und Sie hätten sich an anderen Vorbildern orientiert. Sie hätten andere Vorstellungen übernommen, andere Fähigkeiten erworben, ein anderes Leben geführt. Dadurch wäre dann vielleicht der präfrontale Cortex dicker oder dünner geworden, oder Sie hätten einen größeren oder kleineren Hippocampus bekommen, oder irgendeine andere Hirnregion hätte sich stärker oder schwächer entwickelt, je nachdem, wie und wofür Sie Ihr Hirn in diesen verschiedenen Familien mit besonderer Begeisterung benutzt hätten.

Begeisterung ist Dünger fürs Hirn

Die neuronalen Vernetzungen im Gehirn eines Kindes passen sich also an die Besonderheiten, Anforderungen und Notwendigkeiten an, die in einem bestimmten Kulturkreis oder einer bestimmten Familie herrschen. Deshalb bekommt jedes Kind ein Gehirn, das genau zu der Familie und dem Kulturkreis passt, in den es hineinwächst. So scheint es auf den ersten Blick zu sein, aber so einfach ist es nicht.

Damit neue neuronale Vernetzungen geknüpft und bestehende Vernetzungen ausgeweitet und stabilisiert werden können, reicht es nicht aus, dass man diese Verschaltungen einfach nur sehr häufig benutzt. Wenn das so wäre, könnten wir ja alles lernen, wenn wir es nur lange genug trainieren. Wir lernen aber nicht alles. Wir lernen nur das, was für uns wichtig ist. Und was ihm wirklich wichtig ist, wofür sich ein Mensch – als kleines Kind oder als Greis – interessiert und deshalb auch begeistern kann, das entscheidet nicht »die Umwelt«, sondern das entscheidet er oder sie ganz allein.

Das kennen wir alle: Wenn einem etwas wirklich wichtig ist, dann strengt man sich auch an, um es zu erreichen. Dann fokussiert man seine Aufmerksamkeit auf das angestrebte Ziel, dann unterdrückt man alle möglichen anderen Bedürfnisse, dann entwickelt man eine Strategie und macht einen Plan, um das, was einem so wichtig ist, nun auch wirklich umzusetzen. Und wenn das Ganze dann auch tatsächlich klappt, ist man hellauf begeistert. Über sich selbst und über das, was man jetzt tatsächlich erreicht hat, vielleicht auch noch über all die anderen, ohne deren Unterstützung all das gar nicht machbar gewesen wäre. Das sind also eine ganze Menge unterschiedlicher neuronaler Netzwerke, die in diesem Zustand der Begeisterung aktiviert werden. Und immer dann, wenn man sich so richtig für etwas begeistert, wenn es einem unter die Haut geht und man etwas besonders gut hinbekommen hat, wird im Mittelhirn eine Gruppe von Nervenzellen erregt. Die schütten dann an den Enden ihrer langen Fortsätze einen Cocktail neuroplastischer Botenstoffe aus. Zum Leidwesen aller tapferen Pflichterfüller und ordentlichen Funktionierer passiert das nie im Routinebetrieb des Gehirns, wenn man all das abarbeitet, was anliegt, sondern nur in diesem wunderbaren Zustand der Begeisterung.

Die bekanntesten dieser neuroplastischen Botenstoffe heißen Adrenalin, Noradrenalin und Dopamin, aber auch Peptide wie Endorphine und Enkephaline gehören dazu. Sie alle lösen auf die eine oder andere Weise in nachgeschalteten Nervenzellen eine rezeptorvermittelte Signaltransduktionskaskade aus. Das neurobiologische Signal der Begeisterung wird so bis in die Zellkerne der nachgeschalteten Nervenzellen weitergeleitet. Dort kommt es dann zur verstärkten Abschreibung von bestimmten Genen, und daraufhin beginnen diese Nervenzellen vor allem solche Eiweiße vermehrt herzustellen, die für das Auswachsen neuer Fortsätze und für die Herausbildung neuer Nervenzellkontakte gebraucht werden.

Auf diese Weise werden all jene neuronalen Netzwerke ausgebaut und verstärkt, die im Hirn aktiviert worden waren, um genau das zustande zu bringen, was der betreffenden Person ganz besonders am Herzen lag und worüber sie sich deshalb auch so sehr begeistert hatte.

Genau das ist es, was die Hirnforscher meinen, wenn sie sagen, dass das Gehirn so wird, wie und wofür man es mit Begeisterung benutzt. Und deshalb ist auch das, worauf es ankommt, nicht die Umwelt, sondern die subjektive Bewertung, also das, was das betreffende Kind oder der betreffende Erwachsene in dieser jeweiligen »Umwelt« wichtig findet, wofür er oder sie sich interessiert und begeistert. Wenn wir also wissen wollen, wieso Menschen so werden, wie sie werden, oder wie sie so geworden sind, wie sie sind, müssen wir herausfinden, was ihnen in der Vergangenheit wichtig war, was ihnen jetzt wichtig ist und was ihnen in Zukunft möglicherweise besonders wichtig sein wird. Denn nur für das, was einem Menschen wichtig ist, kann er sich auch begeistern, und nur wenn sich ein Mensch für etwas begeistert, kommt in seinem Gehirn die Gießkanne mit dem Dünger in Gang, werden all jene Netzwerke ausgebaut und verbessert, die der betreffende Mensch in diesem Zustand der Begeisterung nutzt.

Wofür wir uns aus uns selbst heraus begeistern

Wir können froh sein, dass es in unserem Gehirn diesen eingebauten Mechanismus gibt, der dafür sorgt, dass dort oben nicht alles in Form spezifischer Netzwerke gestärkt und gefestigt wird, was tagtäglich auf uns herabrieselt, was uns an grellen Bildern und wichtigtuerischem Geschwätz zugemutet wird und was wir selbst so alles an Belanglosigkeiten von uns geben oder in Routinehandlungen abarbeiten. Wie wunderbar also, wenn im Hirn nur dann etwas passiert, nur dann noch einmal richtig etwas in Bewegung kommt und umgebaut wird, wenn es auch wirklich wichtig ist, und zwar für denjenigen, der mit diesem Gehirn herumläuft, und nicht für irgendjemand anderen oder für irgendetwas in der Welt. Objektiv kann alles Mögliche, also beispielsweise die Beseitigung des Hungers in der Welt, die Überwindung des Analphabetentums oder die Eindämmung der Umweltverschmutzung also durchaus wichtig sein. Trotzdem lässt all das die meisten Menschen ziemlich kalt. Unser Gehirn reagiert eben nicht auf das, was objektiv wichtig oder richtig ist, sondern nur auf das, was uns selbst aufgrund unserer eigenen, subjektiven Bewertung als wichtig und bedeutsam erscheint.

Natürlich ist das am Anfang des Lebens besonders viel. Erinnern Sie sich noch an das Gefühl, mit dem Sie damals als kleines Kind unterwegs waren? Mit dieser unglaublichen Offenheit, mit dieser Gestaltungslust und Entdeckerfreude und vor allem: mit dieser den ganzen Körper durchströmenden Begeisterung über sich selbst und über all das, was es damals für Sie alles zu entdecken und zu gestalten gab. Zwanzig bis fünfzig Mal am Tag erlebt ein Kleinkind diesen Zustand, und jedes Mal kommt es dabei zur Aktivierung der emotionalen Zentren im Gehirn. Jeder dieser kleinen Begeisterungsstürme führt gewissermaßen dazu, dass im Hirn die Gießkanne mit dem Dünger angestellt wird, der für alle Wachstums- und Umbauprozesse von neuronalen Netzwerken gebraucht wird.

Und das, was für jedes Kind ganz am Anfang des Lebens, sogar schon vor der Geburt am wichtigsten ist, woher alles kommt, was oben im Hirn ankommt, und wovon alles abhängt, was dort oben passiert, das ist natürlich der eigene Körper. Der ist allen Kindern anfangs immer besonders wichtig, und deshalb begeistern sie sich auch alle so sehr, wenn es ihnen Schritt für Schritt gelingt, ihren eigenen Körper kennenzulernen, ihn immer besser selbst zu bewegen, zu lenken und zu steuern, um ihn am Ende dieses Entwicklungsweges schließlich zu beherrschen. Dann kann das Kind sich drehen, wenn es will, krabbeln, wenn es will, laufen, rennen, klettern, schwimmen, Rad fahren, wenn und wie es will. Und alles lernt es mit Begeisterung. Jedenfalls solange es von niemandem daran gehindert und von niemandem dazu gezwungen wird.

Und natürlich wird die Begeisterung am Entdecken des eigenen Körpers noch einmal zusätzlich verstärkt, wenn jemand da ist, der sich auch mit darüber freut, wenn wieder eine komplizierte Bewegung gelungen ist, wenn ein schwieriges Wort richtig ausgesprochen, ein Ton beim Singen genau getroffen worden ist. Denn auch das Sprechen und Singen ist Entdeckung und Nutzung des eigenen Körpers, in diesem Fall zur Lauterzeugung. Nichts aber unterdrückt die angeborene Lust am Entdecken des eigenen Körpers so nachhaltig wie eine Abwertung oder gar Beschämung durch emotional nahestehende, besonders wichtige Personen. »Du watschelst wie eine Ente, Du hüpfst wie ein nasser Sack, Du singst wie eine Krähe.« Wer das zu hören bekommt, der verliert ganz schnell die Lust am Laufen und Rennen, am Springen und Klettern, am Sprechen und Singen, manchmal für immer.

Und damit ist auch schon das Zweite genannt, das allen Kindern am Anfang ihres Lebens so wichtig ist: Dass sie bereit sind, alles ihnen Mögliche zu tun und alle anderen Bedürfnisse zu unterdrücken, wenn ihnen dafür das geschenkt wird, was sie mehr als alles andere brauchen, um leben, um wachsen, um die in ihnen angelegten Potentiale entfalten zu können: Zuneigung, Nähe, Verbundenheit. Eine Sicherheit bietende Bindungsbeziehung nennen das die Entwicklungspsychologen, und weshalb die nicht nur für Kinder so wichtig ist, wissen die Stressforscher inzwischen sehr gut. Ohne dieses Gefühl von Verbundenheit und Zugehörigkeit fühlen sich auch noch Erwachsene, aber in noch viel existentiellerer Weise alle kleinen Kinder, allein gelassen, verunsichert, ohnmächtig und hilflos allen Problemen und Schwierigkeiten des Lebens ausgeliefert. Das beherrschende Gefühl in solchen Situationen ist Angst. Auf körperlicher Ebene kommt es dann zu einer unkontrollierbaren Stressreaktion, und an deren Auswirkungen würde ein Kind sterben, wenn es ihm nicht gelänge, irgendeine Lösung zu finden.

Die einfachste, selbstverständlichste und naheliegendste Lösung für alle Probleme, die ein Kind noch nicht selbst lösen kann, besteht darin, Hilfe zu holen. Aber um jemanden herbeirufen zu können, der einem hilft, muss man jemanden haben, der dann auch wirklich kommt, dem man vertrauen kann, mit dem man sich verbunden, bei dem man sich geborgen fühlt.

Deshalb, weil sie gar nicht allein überleben können, gewinnen all jene Menschen, die einem Kind zur Seite stehen und es auf seinem Weg begleiten, so eine ungeheure Bedeutung. Für diese Personen, also für Mama, für Papa, vielleicht auch für ein Geschwister oder ein anderes Familienmitglied und später für ihre Freunde, sind Kinder bereit, alles zu tun. Jedenfalls solange sie sich mit diesen Personen verbunden fühlen, solange sie also noch nicht von ihnen oder durch sie enttäuscht, allein gelassen und abgewertet oder gar beschämt worden sind.

Das passiert allerdings meist schneller, als man es für möglich hält. Anfangs versucht jedes Kind lieber auf ein eigenes Bedürfnis zu verzichten, um es der Mama, dem Papa oder dem anderen »recht zu machen«.

Jedesmal, wenn ihm das gelingt und es sich so verhalten hat, wie es diesem ihm besonders wichtigen Personen gefällt, wie sie es von ihm erwarten, geht im Hirn des betreffenden Kindes die Begeisterungsgießkanne mit dem Düngerstrahl an, der die dabei aktivierten Netzwerke und Verschaltungen zum Wachsen bringt. So kann ein Kind zu einem Menschen heranreifen, der es später im Leben allen anderen immer nur »recht machen« will, der womöglich immer dann Angst bekommt, wenn jemand seine als Liebesdienste erbrachten Opfergaben nicht braucht oder nicht haben will.

Bei all jenen Kindern, denen es beim besten Willen und trotz größter Bemühungen nie so recht gelingt, es der Mama, dem Papa oder sonst wem »recht zu machen«, geht die Düngergießkanne im Hirn zwangsläufig immer dann an, wenn sie es wieder einmal schaffen, sich selbst zu beweisen, dass sie ihre Probleme sehr gut allein, also ohne Mama, ohne Papa oder sonst wen, zu lösen imstande sind. Dann haben sie es denen, mit denen sie bisher so eng verbunden waren, nun endlich einmal richtig gezeigt. Auch darüber kann man sich schon als Kind und später auch noch als Erwachsener sehr begeistern.

Und dann bekommt man eben auch ein Hirn, mit dem man anderen Menschen immer besser zeigen kann, wie wenig man sie braucht, dass man nicht mit ihnen verbunden ist, dass man nichts mit ihnen zu tun haben will. Besserwisser, Klugscheißer und Alleskönner haben so ein Gehirn und richten damit in den Gehirnen all jener, die sie abwerten und beschämen, beträchtlichen Schaden an. Weil sie diesen anderen die Begeisterung am eigenen Entdecken und Gestalten rauben.

Von wem wir uns begeistern lassen

Es ist bemerkenswert, dass wir Menschen in der Lage sind, unsere Lebenswelt und unsere Lebenswirklichkeit so zu gestalten, dass genau das, was unser Leben so faszinierend und bezaubernd macht, also die Freude und Begeisterung an all dem, was dieses Leben an Möglichkeiten bietet, kaum noch vorkommt. Verstehen lässt sich dieses sonderbare Phänomen nur dann, wenn man davon ausgeht, dass Begeisterung nicht immer vorteilhaft für uns ist, dass unsere Begeisterungsfähigkeit auch von anderen ausgenutzt werden kann, um uns dazu zu bringen, etwas zu tun, was wir ohne diese Begeisterung nicht zu tun bereit wären.

Am Anfang des Lebens sind Kinder nicht nur enorm offen für alles, was es in ihrer jeweiligen Lebenswelt zu entdecken und zu gestalten gibt. Sie haben auch ein sehr feines Gespür für all das, was diejenigen bewegt, mit denen sie sich eng verbunden fühlen. Sie merken sehr genau, was diesen Bezugspersonen wichtig ist, wofür sie sich begeistern, was sie schmerzt und bekümmert und was sie glücklich und zufrieden macht.

Gerade weil sie noch nicht sprechen können, achten kleine Kinder ganz besonders auf all das, was nicht gesagt wird, was also hinter den Worten verborgen bleibt. So bekommen sie bisweilen mehr mit, als ihre Eltern für möglich halten, und sie erspüren auch das, was diese vor ihnen zu verbergen suchen oder was denen oft selbst nicht bewusst ist.

Vor ein paar Jahren wurde ein in dieser Hinsicht bemerkenswert aufschlussreiches Experiment durchgeführt. Kleinkinder bekamen im Alter von sechs Monaten drei kurze Trickfilmsequenzen vorgeführt. Zu sehen war zunächst ein kleines gelbes Männchen, das mit einiger Mühe und schnaufend versuchte, einen ziemlich steilen Berg hochzukrabbeln. Anschließend lief die gleiche Sequenz noch einmal, aber diesmal kam dem gelben Männchen eine grüne Figur zu Hilfe, die es von unten schob. So kam das gelbe Männchen leichter den Berg hoch. In der letzten Sequenz tauchte, als das gelbe Männchen sich wieder abmühte, den Berg hochzukrabbeln, eine blaue Figur auf, die es von oben wieder nach unten zurückstieß. Nachdem jedes Kind diese drei Sequenzen gesehen hatte, wurde vor seinem Platz die grüne und daneben die blaue Figur aufgestellt, die es eben im Trickfilm gesehen hatte, und beobachtet, nach welcher dieser beiden Figuren das Kind griff. Alle diese sechs Monate alten Babys nahmen die grüne Figur, den »Unterstützer«. Ein halbes Jahr später wurde das Experiment mit den gleichen, nun ein Jahr alten Kindern wiederholt. Diesmal griffen bereits 10 Prozent dieser Kinder nach der blauen Figur. Was sich bei diesen Kindern in den letzten sechs Monaten verändert hatte, welche neuen Erfahrungen in ihrer Lebenswelt dazu führten, dass sie sich nun mit dem »Unterdrücker« identifizierten, ist nicht schwer zu erraten.

Kein Kind kann die ersten sechs Monate seines Lebens überleben, wenn es nicht von irgendjemand umsorgt, geschützt, genährt und unterstützt wird. Das ist die primäre Erfahrung, die jedes Kind am Anfang seines Lebens macht.

Anschließend nimmt es zunehmend mehr davon wahr, wie es innerhalb seiner jeweiligen Lebenswelt zugeht, wie die Familienmitglieder miteinander und mit ihm umgehen, ob es dort, innerhalb des jeweiligen Familiensystems jemanden gibt, der sich sehr erfolgreich auf Kosten anderer durchsetzt. Und für erfolgreiche Überlebensstrategien haben eben auch kleine Kinder schon einen sehr feinen Blick. Dass sie sich mit denjenigen identifizieren und die Strategien derjenigen übernehmen, die aus ihrer Perspektive besonders erfolgreich sind, ist nur allzu verständlich. Aber angeboren sind diese Verhaltensweisen und die diesen Verhaltensweisen zugrunde liegenden Haltungen nicht.

Kleine Kinder orientieren sich an Vorbildern. Streckt man einem Baby beispielsweise die Zunge heraus, so macht es das nach. Nicht immer, sondern nur dann, wenn das Baby darauf Lust hat. Wenn ihm also nichts fehlt, es sich wohl fühlt, wach genug ist und die Szene durch nichts gestört wird. Verantwortlich dafür, dass Kinder das Verhalten von anderen Menschen imitieren, ist das sogenannte Spiegelneuronensystem im Gehirn. Angeblich haben das nur Affen und Menschen. Aber mein Freund hat einen Papagei, der spricht ihm alles nach, und ein anderer Freund hat einen Hund, der macht ihm alles nach, der würde sogar sprechen, wenn er könnte. Spiegelneuronen sind also offenbar recht weit im Tierreich verbreitet, und ohne die Fähigkeit, andere zu imitieren, könnte man auch von anderen nichts lernen. Das gilt wohl für alle in sozialen Gemeinschaften lebenden Tiere und für uns Menschen ganz besonders.

Wenn man von anderen nichts lernen kann, dann muss man in jeder Generation wieder von vorn anfangen. Dann bekommt man ein Hirn, in dem die Anzahl und die Art der Vernetzung der Nervenzellen durch die Expression der genetischen Anlagen gesteuert werden. So ein Hirn haben die Fadenwürmer, die Schnecken und die Insekten. Aber bei den Wirbeltieren, und hier dann endgültig bei den Säugetieren ist Schluss damit. Die heißen ja Säugetiere, weil sie nicht ohne eine sie nährende und mit allem, was sie brauchen, versorgende Mutter aufwachsen können. Und wenn ein Säugetier so unreif auf die Welt kommt wie wir Menschen und so lange braucht, bis es sich dort allein zurechtfindet, so ist diese Versorgung und Begleitung von keiner Mutter mehr allein zu schaffen. Da wird auch noch ein Vater und eine ganze Sippe gebraucht, am besten ein ganzes Dorf.

So ein kleiner Mensch wird ja nicht dadurch ein überlebensfähiger Erwachsener, dass er gesäugt und gefüttert wird. Er braucht auch all die geistige Nahrung, muss mit all dem Wissen und Können versorgt werden, über das die Mitglieder seiner Gemeinschaft verfügen und das nun auch sein Überleben und seine Reproduktionsfähigkeit in dieser Gesellschaft sichert. Deshalb saugen Kinder nicht nur an der Mutterbrust, sondern ebenso intensiv am Erfahrungsschatz der jeweiligen Gemeinschaft, in die sie hineinwachsen. Milch saugen sie mit dem Mund, Erfahrungen saugen sie mit Hilfe ihrer Wahrnehmungssysteme, indem sie auf all das achten, genau hinschauen, hinhören, hinspüren, also alles aufsaugen, was die anderen von sich geben. Anschließend versuchen sie dann aus all dem Aufgenommenen etwas Eigenes, für sie Brauchbares zu machen.

Dieser geistige Verdauungsprozess findet in einem in ihrem Gehirn bereits bei Geburt angelegten Verdauungssystem statt. Und ein wichtiger Bestandteil davon ist das Spiegelneuronensystem. Wenn das Baby also zuschaut, wie jemand vor ihm seine Zunge herausstreckt oder sich auf Kosten anderer durchsetzt, wird im Gehirn ein Netzwerk aktiviert, das diese Wahrnehmung gewissermaßen als inneres Bild, als neuronales Aktivierungsmuster repräsentiert. Dieses Aktivierungsmuster wird anschließend genutzt, um die gleiche Verhaltensweise nun aus sich selbst heraus zu steuern und hervorzubringen. Dann streckt das Baby seine Zunge auch heraus. Aber eben nicht immer, sondern nur dann, wenn der Aufbau dieser Aktivierungsmuster nicht gestört wird. Und auch nicht bei jedem, der ihm das Zungeherausstrecken vormacht.

Damit ein Baby, ein Kind, ein Jugendlicher oder ein Erwachsener das Verhalten eines anderen Menschen imitiert, damit also das Spiegelneuronensystem in seinem Hirn überhaupt aktiviert wird, muss die betreffende Person wichtig genug sein. Kinder machen nie allen Personen alles nach, sondern nur denen, die sie bewundern, die für sie besonders wichtig sind, mit denen sie sich emotional eng verbunden fühlen. Die sind ihre Vorbilder. Alle anderen können sich anstrengen soviel sie wollen, um einem Kind, einem Jugendlichen oder einem Erwachsenen etwas beizubringen. Nur wenn die emotionalen Zentren im Gehirn aktiviert werden, geht auch die Gießkanne der Begeisterung an. Und dann wird das, was das Vorbild macht, nicht nur einfach nachgemacht, sondern auch richtig fest in Form entsprechend gedüngter und gewachsener Verschaltungsmuster im Gehirn verankert.

Fragwürdige Vorbilder

Wenn es nur ein bestimmtes Bewegungs- oder Verhaltensmuster wäre, das wir von wichtigen Vorbildern übernehmen, bestünde wenig Grund zur Besorgnis. Dann würden manche Menschen die Teetasse eben anders zum Mund führen als andere oder anders laufen oder anders tanzen oder anders schwimmen, sich mit einer anderen Geste grüßen oder auf andere Weise einen gekochten Hummer essen.

Aber Kinder imitieren ja nicht nur solche einfachen motorischen Handlungsmuster und Verhaltensweisen von ihren Vorbildern. Sie übernehmen auch deren Haltungen und Denkweisen. Und da wird es eben leicht problematisch. Zum Beispiel wenn ein bewundertes Vorbild durch das, was er oder sie sagt, schreibt oder singt, durch sein Handeln oder durch sein Auftreten zum Ausdruck bringt, dass es völlig in Ordnung ist, andere Menschen abzuwerten oder gar zu beschämen, dass es im Leben darauf ankommt, sich auf Kosten anderer Macht und Einfluss zu verschaffen oder dass man im Leben durch Betrug und Lügen am weitesten kommt. Kinder und Jugendliche saugen solche Äußerungen zusammen mit den dazugehörigen Einstellungen und Haltungen und auch mit den diesen Auffassungen zugrundeliegenden Menschenbildern und Weltbildern begierig auf und machen sie sich mit großer Begeisterung um so effektiver und nachhaltiger zu eigen, je abhängiger sie von bestimmten Personen sind, die sie als Vorbilder bewundern, an denen sie sich orientieren, denen sie ihre Loyalität beweisen, von denen sie anerkannt werden wollen und die sie dann oft sogar noch zu übertreffen versuchen.

Niemand kommt als Menschenverächter, als Unterdrücker und Ausbeuter zur Welt, kein Mensch ist von Natur aus böse und gewalttätig. Um so werden zu können, braucht man Vorbilder, die schon so sind, und eine Lebenswelt, in der all jene, die so sind, sich damit Vorteile verschaffen können und womöglich sogar als besonders erfolgreich gelten.

Bedauernswerte Eselstreiber

Außer von solchen Vorbildern lassen sich Menschen auch von Personen beeinflussen, von denen sie überhaupt nicht begeistert sind, die aber eine sehr einfache und sehr alte Methode einsetzen, um diese Düngergießkanne im Hirn eines anderen Menschen in Gang zu setzen. Dazu braucht man nur demjenigen, bei dem das passieren soll, eine Belohnung zu versprechen. Das funktioniert allerdings nur so lange, wie diese Belohnung von dem betreffenden Empfänger als ein wirklich wichtiges und erstrebenswertes Gut betrachtet wird. Da dasselbe immer wieder ausgeteilte Zuckerbrot über kurz oder lang seinen Reiz verliert und immer fader schmeckt, braucht man, damit sich im Hirn dieses Belohnungsempfängers tatsächlich noch etwas tut, zunehmend attraktivere Belohnungen. So kommt der Belohnungsverteiler sehr leicht in die Situation eines Eselstreibers, der immer schmackhaftere Möhren vorhalten muss, damit sich sein Esel überhaupt noch von der Stelle bewegt. Wenn das nicht mehr klappt, greift er dann meist doch zur Peitsche und aktiviert die Gießkanne im Eselshirn durch die Begeisterung, die sich immer dann beim Esel einstellt, wenn es ihm wieder einmal gelungen ist, die angedrohten Schläge zu vermeiden. Egal, ob ihm das nun durch die vom Eselstreiber erwünschten Vorwärtsbewegungen gelungen ist oder durch geschicktes seitliches Ausweichen des Hinterteils. Bei diesem Verfahren wird der Esel immer besser beim Ergattern der Belohnungen und beim Vermeiden der Bestrafungen, und im Hirn wachsen ihm zunehmend effizientere Verschaltungen für beides. Langfristiger Verlierer dieses enorm anstrengenden Dressurverfahrens ist der Eselstreiber. Der hat ein Misserfolgserlebnis nach dem anderen und das Einzige, worüber er sich dann noch begeistern kann, ist die Feststellung, dass alle anderen, die mit dem gleichen Verfahren unterwegs sind, damit auch nicht besser vorankommen.

Aber eine Zeitlang, vor allem im letzten Jahrhundert, hat dieses Verfahren ziemlich gut funktioniert. Herausgekommen sind dabei Menschen, die all das mit hoher Perfektion und Präzision umgesetzt haben, was von ihnen erwartet wurde, wofür sie mit Belohnungen oder Bestrafungen abgerichtet worden waren. Solche Menschen wurden im Maschinenzeitalter gebraucht, um die damals noch sehr stark von menschlichen Handlungen abhängige maschinelle Produktion von Konsumgütern zu optimieren. Um das zu ermöglichen, mussten die Menschen, die diese Maschinen bedienten, dazu gebracht werden, genauso zuverlässig zu funktionieren wie ihre Maschinen. Genauso pünktlich, genauso akkurat, genauso fehlerfrei, genauso pausenlos und genauso gedankenlos. Da konnte man keine Menschen brauchen,

die unpünktlich waren, die sich nicht genau an die Bedienungs-
vorschriften hielten, die selbst mitdenken und ihre Arbeitsabläu-
fe mitgestalten wollten. So etwas behinderte die Produktion.
Gefragt waren brave Befehlsempfänger und tapfere Pflichterfüller, und die erzieht man eben am effizientesten durch Dressur.
Am besten schon in der Schule. Durch Belohnungen für all jene
Zöglinge, die ihre Aufgaben brav und ohne Widerspruch erfüllen. Durch Bestrafungen für diejenigen, die sich diesen Vor-
gaben zu widersetzen versuchen. Es war ein einfaches Verfahren
und es funktionierte umso besser, je früher man bei den Kindern
damit begann. Es verdrängte deshalb alle anderen reformpäda-
gogischen oder sonstigen Erziehungsstile und Unterrichts-
methoden und hat sich bis heute in vielen Schulen und auch
noch in vielen Familien erhalten. Wer einmal so zu Hause oder in
einer Erziehungs- und Bildungseinrichtung abgerichtet wurde,
wer das Ganze ausgehalten und wer sein späteres Leben dann
auch noch einigermaßen erfolgreich bewältigt hat, ist später als
Erwachsener nur schwer von der festen Überzeugung abzubrin-
gen, dass dieses Abrichtungsverfahren genau das ist, was alle
Kinder brauchen, damit auch sie es zu etwas bringen.

Der große Nachteil all dieser Dressur- und Abrichtungsverfahren wird allerdings sofort sichtbar, wenn die Belohnungen
nicht mehr attraktiv genug sind oder wenn die Bestrafungen
nicht mehr mit der Härte und Konsequenz erfolgen, die erforderlich wären, um das gewünschte Ergebnis zu erzielen, oder
wenn die Dompteure schlappmachen und die ganze Zirkus-
nummer ihre einstige Attraktivität verliert.

Dann klappt nichts mehr. Das erleben wir gegenwärtig in
vielen Bereichen unserer Gesellschaft, besonders deutlich in
Schulen und Ausbildungseinrichtungen.

Dann wird offenkundig, dass alle Dressurmethoden lediglich
geeignet sind, ein gewünschtes Verhalten zu erzeugen, und das
auch nur so lange, wie der Dompteur oder ein internalisiertes

Bild des Dompteurs mit seinen Belohnungen und Bestrafungen präsent ist. Wenn der sich umdreht oder auf andere Weise verschwindet, wird das durch derartige Konditionierungen erzeugte Verhaltensmuster nicht aufrechterhalten. Dann wird das Verhalten des betreffenden Menschen wieder so gesteuert, wie dieses Verhalten normalerweise immer gesteuert wird: nicht von außen, sondern von innen. Durch die inneren Einstellungen, die Haltungen des betreffenden Menschen. Aber Haltungen wie Achtsamkeit, Selbstdisziplin, Zuverlässigkeit oder Verantwortlichkeit lassen sich nicht durch Dressurmethoden erzeugen, die kann man weder unterrichten noch trainieren.

Wer möchte, dass Kinder, Jugendliche und Erwachsene sich solche Haltungen zu eigen machen, müsste ihnen Gelegenheit bieten, den Nutzen von Disziplin, den Nutzen von Verlässlichkeit, den Nutzen von Umsicht und Achtsamkeit zu erfahren. Zu einer solchen Erfahrung kann man aber niemanden zwingen, weder mit dem Versprechen von Belohnungen noch durch die Androhung von Strafen.

Es gehört nicht viel Phantasie dazu, um vorherzusagen, dass der Eselstreiber mitsamt seinen gut abgerichteten Eseln in allen modernen Gesellschaften ein Auslaufmodell ist. Hier werden nicht länger Menschen gebraucht, die fast so gut wie Maschinen funktionieren, sondern solche, die mitdenken und mitgestalten, die sich einbringen, die Fehler machen, um daraus zu lernen, die mit anderen gemeinsam nach neuen Lösungen suchen, die Lust darauf haben, gemeinsam mit anderen über sich hinauszuwachsen.

Clevere Rattenfänger

Der Rattenfänger von Hameln wusste offenbar, dass es in dieser Stadt sehr viele Kinder gab, die nach etwas suchten, die eine große Sehnsucht nach etwas hatten, was damals für sie in Hameln nicht zu finden war. Deshalb sind sie ihm gefolgt. »Dem bezaubernden Klang seiner Flöte«, sagt die Legende. »Seinem Versprechen, die Welt durch einen Kreuzzug der Kinder zu erlösen«, sagt die Geschichtsforschung. Aber vielleicht folgten sie nur der von ihm verbreiteten Hoffnung, endlich das zu finden, was diese Kinder so sehr brauchten, was aber damals in Hameln offenbar für die meisten Kinder nicht zu finden war: Aufgaben, an denen sie wachsen konnten; und Gemeinschaften, denen sie sich zugehörig, mit denen sie sich verbunden fühlten. Das Gefühl, für irgendetwas wichtig zu sein, gebraucht zu werden. So zumindest ist das Rattenfängerphänomen aus der Perspektive der modernen Hirnforschung und Entwicklungspsychologie erklärbar.

Für nichts lassen sich Menschen, auch schon als kleine Kinder, mehr begeistern als für das, was wir Glück nennen. Glücklich sind Menschen immer dann, wenn sie Gelegenheit bekommen, ihre beiden Grundbedürfnisse nach Verbundenheit und Nähe einerseits und nach Wachstum, Autonomie und Freiheit andererseits stillen zu können. Wenn sie also in der Gemeinschaft mit anderen über sich hinauswachsen können. Wer das erleben darf, ist glücklich. Der ist dann auch von keinem Rattenfänger dieser Welt verführbar. Der läuft niemandem hinterher, der ihm irgendetwas verspricht. Als kleines Kind nicht und auch nicht als Erwachsener.

Gesetzt den Fall, Sie wären ein heute lebender Rattenfänger und Sie hätten ein besonderes Interesse daran, dass möglichst viele Kunden Ihrem Flötenspiel, also Ihren Ratschlägen, Ihren Angeboten und Ihren Vorführungen folgen. Wie müssten Sie vorgehen, was müssten Sie schaffen, um in diesem Bemühen möglichst erfolgreich zu sein? Ja, genau das. Möglichst viel Unzufriedenheit, Leid, Frust, Ärger, Wut, also möglichst viele unglückliche Leute müssten Sie erzeugen. Die würden dann bereitwillig all Ihren Angeboten, Ihren Versprechungen und Ihren Ratschlägen folgen, wenn die nur irgendwie, und auch nur für kurze Zeit, dazu beitragen, etwas glücklicher, etwas zufriedener, etwas froher zu sein. Und was müssten Sie verknappen, damit die Leute möglichst unglücklich und damit besonders gute Kunden und Konsumenten Ihrer Angebote werden? Sie müssten die Zeit und die Gelegenheit verknappen, die ihnen zum gemeinsam über sich Hinauswachsen zur Verfügung steht.

Sie müssten die Beziehungen der Menschen so organisieren, dass immer mehr von ihnen die Erfahrung machen, dass es für sie vorteilhafter ist, wenn sie gegeneinander statt miteinander arbeiten, und Sie müssten die Lebenswelt der Menschen so gestalten, dass sich der Einzelne wie ein winziges Zahnrad in einem mächtigen Uhrwerk erlebt und irgendwann die Hoffnung begräbt, in dieser komplett durchorganisierten Lebenswelt jemals etwas selbst gestalten und damit autonom und frei werden zu können. Wenn Sie das so machten, dann wären Sie ein moderner Rattenfänger und die Menschen würden sich für Ihre Tipps und Angebote immer wieder neu begeistern.

Wie wir unsere Begeisterungsfähigkeit verlieren

Und jetzt können wir uns fragen, wie es kommt, dass wir uns für manches begeistern und für anderes nicht und weshalb uns diese anfängliche Begeisterung, mit der wir uns als kleine Entdecker und Gestalter unserer Lebenswelt auf den Weg gemacht haben, beim Erwachsen- und Älterwerden zunehmend abhanden kommt. Wie oft erleben Sie heute noch diesen Sturm der Begeisterung? Einmal pro Tag, einmal pro Woche? Weshalb geht die Gießkanne mit dem besten Dünger für Wachstums- und Reorganisationsprozesse in unserem Hirn nur noch so selten an? Statt immer mehr wird uns immer weniger wichtig, je älter wir werden. Aber warum ist das so?

Für ein kleines Kind ist noch fast alles bedeutsam, was es erlebt, erfährt und macht. Je besser es sich dann später in seiner jeweiligen Lebenswelt einzurichten und zurechtzufinden gelernt hat, desto unbedeutender wird dann allerdings alles andere, was es in dieser Welt sonst noch zu entdecken und zu gestalten gäbe. Indem wir älter werden, Erfahrungen sammeln und unsere Lebenswelt nach unseren Vorstellungen gestalten, laufen wir also zunehmend Gefahr, in eingefahrenen Routinen steckenzubleiben, im Hirn einzurosten. Man kennt »seine Pappenheimer« und weiß, »wie der Hase läuft«, man macht seinen Job, man tut, was getan werden muss, man funktioniert – aber das Leben hat seinen Reiz verloren. Alles wird gleichermaßen bedeutsam oder unbedeutend, man hat sein Leben optimal in den Griff bekommen – und dabei seine Begeisterungsfähigkeit bis zur Leblosigkeit abgewürgt. Wieso passiert uns das? Weshalb lassen wir zu, dass es uns so ergeht?

Und nicht nur uns, denn so, wie es einem einzelnen Menschen und seinem Hirn mit der Begeisterung geht, geht es auch einer menschlichen Gemeinschaft. Vielleicht noch am seltensten einem Sportverein, aber sehr häufig einer Familie, einer Schule, einem Unternehmen, manchmal sogar einer ganzen Gesellschaft. Offenbar können wir gewissermaßen kollektiv unsere Begeisterungsfähigkeit verlieren, und damit unsere Kreativität, unsere Lebensfreude, Entdeckerlust und Gestaltungskraft. Dann dümpelt die betreffende Gemeinschaft in immer glatter eingefahrenen Routinen mit festgefügten Verwaltungsstrukturen dahin, die Menschen haben alles scheinbar im Griff und lassen sich sogar von Krisen kaum noch erschüttern. Die Gemeinschaft funktioniert noch, aber sie lebt nicht mehr. Ihren Mitgliedern wird es dann immer wichtiger, dass sie gut funktionieren, als dass sie lebendig bleiben. So funktionalisiert diese begeisterungslos gewordene Gesellschaft erst ihre Erwachsenen und am Ende sogar noch ihre Kinder. Die werden dann mit Wissen abgefüllt, und es werden ihnen Fähigkeiten und Fertigkeiten beigebracht. Anstatt in ihnen die Fackel der Begeisterung am eigenen Entdecken und Gestalten immer wieder neu zum Lodern zu bringen.

Wie man diese Fackel der Begeisterung wieder zum Lodern bringt, werden wir kaum von all jenen erfahren können, die bereits erwachsen geworden sind und weitgehend damit aufgehört haben, noch irgendwelche in ihnen schlummernden Potentiale entfalten zu wollen. Deshalb zeigen uns die kleinen Kinder noch am deutlichsten, worauf es im Leben ankommt. Ihnen geht es ja noch nicht um die Bewahrung, den Schutz und die Verteidigung des bereits Erreichten. Sie sind noch ganz und gar mit der Entfaltung ihrer Möglichkeiten, mit dem Erwerb von Fähigkeiten und Fertigkeiten, mit der Aneignung von Wissen und Können beschäftigt. Deshalb ist auch bei diesen überall auf der Welt in allen möglichen Kulturen aufwachsenden Kindern viel klarer und eindeutiger zu erkennen, was Menschen wirklich brauchen, um sich ein ganzes Leben lang auf dieser Welt wohl zu fühlen. Dazu zählt nicht nur all das, was für die Stillung unserer körperlichen Bedürfnisse erforderlich ist. Kein Mensch kann über sich hinauswachsen, solange er hungert, Durst hat oder frieren muss. Genauso wenig kann aber ein Mensch, weder als Kind noch als Erwachsener, seine Potentiale entfalten, wenn er sich allein gelassen fühlt und wenn ihm keine Möglichkeit geboten wird, sich als Entdecker und Gestalter auf den Weg zu machen und sich all das dafür erforderliche Wissen und all die dazu notwendigen Fähigkeiten anzueignen.

6. Was könnte aus uns werden?

Wie lange wollen wir noch so weitermachen wie bisher? Weshalb fällt es uns so schwer, unser Leben zu verändern? Gibt es denn keine günstigeren Formen des Zusammenlebens? Wovor haben wir Angst und weshalb machen wir uns gegenseitig immer wieder Angst? Was hält uns zurück, was hindert uns daran, einander auf eine andere Weise zu begegnen? Was für eine Lebenswelt und was für eine Art des Zusammenlebens wünschen wir uns? Und weshalb gestalten wir unsere Lebenswelt und unser Zusammenleben nicht so, wie wir uns das wünschen? Haben wir den Mut verloren, dass es geht? Was ist aus unseren Träumen geworden? Wer hat sie uns geraubt? Können wir sie uns nicht wieder zurückholen? Und den Mut wiederfinden? Könnten wir uns nicht einfach ab sofort auf den Weg machen und versuchen, gemeinsam mit anderen statt wie bisher auf Kosten anderer über uns hinauszuwachsen?

Irgendwie sind wir auf unserer Suche nach einem glücklichen und sinnerfüllten Leben vom Weg abgekommen. Wahrscheinlich schon seit geraumer Zeit, aber bisher ging es ja immer noch irgendwie weiter. Jedenfalls hier bei uns, in unserer westlichen Welt. Aber jetzt stecken wir fest. Das merken inzwischen sogar diejenigen, die auf diesem Weg bisher mit größter Überzeugung vorangegangen sind. Es ist offenkundig. Wir haben uns im Gestrüpp der von uns selbst geschaffenen Lebens- und Vorstellungswelten verrannt. Wie immer, wenn es schwierig wird, versuchen sich manche nun wieder rückwärts durchzuschlagen. Andere glauben noch daran, dass der erhoffte Durchbruch nach vorn mit einer vereinten Kraftanstrengung doch noch zu schaffen ist. Der Rest ist ratlos und blickt ängstlich in das Gestrüpp der täglich von den Medien verbreiteten Horrormeldungen über den gegenwärtigen Zustand der Welt. Hirntechnisch ist dieser Zustand von Angst und Hilflosigkeit nicht lange auszuhalten. Deshalb findet auch jeder Mensch über kurz oder lang eine Lösung, die ihm hilft, wieder einigermaßen Ordnung in die im Gehirn ablaufenden Erregungen zu bringen. Der Fachausdruck dafür lautet Dissoziation, der Volksmund nennt es hirnrissig, und das bedeutet nichts anderes, als dass man sich mit aller Kraft darum bemüht, einfach so weiterzumachen wie bisher, so zu tun, als wäre noch immer alles in Ordnung, als gäbe es all diese Probleme unseres gegenwärtigen Sozial-, Bildungs-, Renten-, Finanz- oder Wirtschaftssystems nicht, als wäre all das, was uns in den Medien und von allen möglichen Experten vor Augen geführt wird, in Wirklichkeit gar nicht vorhanden oder gar nicht so wichtig.

Wer diese Fähigkeit des Abspaltens und Verdrängens lange genug erfolgreich eingesetzt hat, kann tatsächlich einfach so weitermachen wie bisher. Manche schaffen es sogar, all das, was sie bisher ohnehin schon immer gemacht haben, nun sogar noch besser, noch effektiver, noch rücksichtsloser und noch gedankenloser umzusetzen. Augen zu und durch! Es geht ja nicht anders, heißt ihre Devise. Dann kann man sich als Mutter um die besten Frühförderungsprogramme und die kompetentesten Nachhilfelehrer für den eigenen Nachwuchs kümmern, man kann als Führungskraft Kurse über effektiveres Zeitmanagement besuchen und seine Ferien auf der letzten noch intakten Südseeinsel verbringen. Schüler und Studenten können ihre kognitive Leistungsfähigkeit mit Hirndoping-Pillen steigern. Und als Hirnforscher kann man dann nach neuen Psychopharmaka zur Verbesserung der Stressbewältigung, der Affektregulation, der Aufmerksamkeitsfokussierung oder der Merkfähigkeit suchen. Daran leiden ja nun auch immer mehr Menschen, weil sie das, was sie brauchen, nicht finden und sie das, was sie belastet, nicht verändern können. Das Bild des Hamsterrades beschreibt am anschaulichsten den Zustand, der das Lebensgefühl einer wachsenden Zahl von Menschen in unserer gegenwärtigen Leistungsgesellschaft prägt. Interessanterweise gilt das inzwischen nicht nur für all jene, die in diesem Rad gefangen sind, sondern ebenso für diejenigen, die es drehen.

Dieses Hamsterrad kann eine im eigenen Hirn verankerte Vorstellung davon sein, worauf es im Leben ankommt, wofür es sich anzustrengen lohnt, was sich im Leben verändern lässt und was man, wie alle anderen, einfach auszuhalten hat. Wer so unterwegs ist, fragt sich nicht mehr, wer ihn eigentlich auf diesen Weg geschickt, von wem er diese Vorstellungen übernommen hat. Er will ja inzwischen selbst so gut wie möglich funktionieren. Deshalb hält er auch all das, was er durch sein optimales Funktionieren, d. h. durch seine dabei vollbrachten Leistungen erreicht, für das, wofür es sich zu leben lohnt, worauf es also im Leben ankommt. In dieser Vorstellung bleibt der betreffende Mensch gefangen, bis es für ihn nichts mehr zu erreichen gibt. Dann hat das Leben für ihn seinen Sinn verloren. Dann dauert es nicht mehr lange, bis er stirbt.

Ergänzt und in seiner Wirkung verstärkt wird dieses Hamsterrad im eigenen Kopf durch die Vielzahl von Organisations- und Verwaltungsstrukturen, die jede arbeitsteilige Gesellschaft entwickelt, um die anstehenden Aufgaben zuzuweisen und die für die Erfüllung dieser Aufgaben in Aussicht gestellten Belohnungen zu verteilen. Ähnlich wie die im Hirn des Einzelnen verankerten Vorstellungen entwickeln aber auch diese von Gemeinschaften entwickelten Organisations- und Verwaltungsstrukturen eine sich selbst stabilisierende Eigendynamik. Dann wird die Organisation und die Verwaltung immer effizienter, und zwangsläufig wird auf diese Weise all das gestärkt, was dem noch besseren Organisieren und Verwalten all dessen dient, was da jeweils organisiert und verwaltet wird. Nur scheinbar handelt es sich dabei um Arbeit, Geld, Gesundheit, Bildung oder Renten. In Wirklichkeit sind es immer lebendige Menschen, die als Arbeitnehmer, Lohnempfänger, Einwohner, Patienten, Schüler oder Rentner zu Gegenständen dieses so entstandenen Organisations- und Verwaltungsapparates gemacht werden. Je häufiger aber Menschen die Erfahrung machen, dass sie organisiert und verwaltet werden, desto seltener finden sie Gelegenheit, sich selbst als Entdecker ihrer eigenen Möglichkeiten und als Gestalter ihres eigenen Lebens zu erleben. Und je früher und intensiver das geschieht, desto weniger gelingt es ihnen, diese Fähigkeiten aus sich selbst heraus überhaupt noch zu entwickeln. Dann bleiben sie zeitlebens Gefangene in diesem sozialen Hamsterrad der von uns selbst geschaffenen Organisations- und Verwaltungsstrukturen.

So könnte es ewig bleiben und nichts würde sich ändern, wenn Menschen tatsächlich so funktionieren würden wie Maschinen oder wenn man sie tatsächlich so behandeln könnte wie Objekte. Aber Menschen sind eben doch lebendige Wesen. Und die lassen sich nicht funktionalisieren, höchstens für eine begrenzte Zeit und auch nur in einem begrenzten Raum, aber niemals alle überall zugleich. Deshalb wird es immer einzelne Menschen oder Gruppen von Menschen geben, die sich ihre angeborene Freude am eigenen Entdecken und Gestalten ihrer jeweiligen Lebenswelt nicht rauben lassen. Nicht überall, aber irgendwo schon.

Und wenn es die Erwachsenen nicht schaffen, dann schaffen es ihre Kinder. Zur Not dadurch, dass sie einfach nicht so funktionieren, wie die Erwachsenen sich das wünschen und wie es erforderlich wäre, damit die Welt dieser Erwachsenen so bleiben kann, wie sie ist. Wenn unsere Kinder nicht mehr bereit oder imstande sind, all das zu übernehmen und weiterzuführen, was wir in unserem Kulturkreis an Kulturleistungen geschaffen haben – und dazu zählen eben auch unsere bisherigen Vorstellungen davon, worauf es im Leben ankommt, und die von uns zur Umsetzung dieser Vorstellungen geschaffenen Organisations- und Verwaltungssysteme –, dann geht es nicht mehr so weiter wie bisher.

Dann verliert das, was bisher bedeutsam war, seine Bedeutung. Dann wird für diese nachwachsende Generation etwas anderes bedeutsam. Etwas, was für uns bisher unbedeutsam war. Dann beginnen unsere Kinder sich für anderes zu begeistern und sich über anderes zu freuen als wir, und dann bekommen sie auch ein anderes Gehirn. Und mit dem sind sie weder bereit noch in der Lage, in selbstgebauten Hamsterrädern weiterhin so gut herumzurennen wie wir.

Das ist es, was die Biologen meinen, wenn sie das Leben als einen sich selbst organisierenden und sich selbst optimierenden Prozess beschreiben. Solange es Leben gibt, erzeugt jede Lebensform durch ihre eigenen Aktivitäten einen sich zwangsläufig verändernden Lebensraum, an den sich nachfolgende Generationen anpassen. Und indem sie das tun, verändern sie wiederum die Lebensbedingungen für ihre Nachkommen in einer bestimmten Weise. Dieser transgenerationale Selbstorganisationsprozess kann durch Einflüsse von außen modifiziert und in eine bestimmte Richtung gelenkt werden. Aber er bleibt immer ein sogenannter autopoietischer Prozess, ein Prozess, in dem jede Lebensform sich selbst fortwährend weiter gestaltet, oder poetischer ausgedrückt: sich selbst immer wieder neu erfindet.

Manche Lebewesen haben das Kunststück geschafft, einen Lebensraum zu besiedeln, der über viele Generationen hinweg weitgehend so geblieben ist, wie er einmal war, und den die Individuen der betreffenden Art auch durch ihre eigenen Aktivitäten kaum verändern, auch nicht durch ihr eigenes Wachstum und ihre Vermehrung. Aber zu diesen ihre eigene Lebenswelt und deshalb auch sich selbst nicht mehr verändernden Lebewesen zählen wir Menschen nicht. Im Gegenteil, keiner anderen Spezies ist es gelungen, ihre Lebenswelt so effizient durch ihre eigenen Aktivitäten selbst zu gestalten, wie uns Menschen. Und indem wir unsere Lebenswelt auf eine bestimmte Weise verändern, passt sich – ob wir das wollen oder nicht – auch automatisch all das an diese von uns selbst geschaffene Lebenswelt an, was nach unserer Geburt noch formbar ist.

Am plastischsten und formbarsten ist unser Gehirn, und am leichtesten beeinflussbar ist die Strukturierung unseres Gehirns während unserer frühen Kindheit. Allerdings sind es nicht die von uns gestalteten Lebensverhältnisse, anhand derer sich das kindliche Gehirn strukturiert, sondern die subjektiven Bewertungen des in diese von uns geschaffenen Verhältnisse hineinwachsenden einzelnen Kindes. Nicht das, was unsere Kinder vorfinden oder was wir ihnen vorsetzen, entscheidet darüber, wie und wofür sie ihr Gehirn mit Begeisterung benutzen, sondern nur das, was in ihren Augen für sie wichtig, was aus ihrer subjektiven Perspektive für sie wirklich bedeutsam ist. Und das ist nur selten und meist auch nur ganz am Anfang das, was wir als Eltern, Erzieher oder Lehrer für bedeutsam halten. Deshalb heißt dieser Anpassungsprozess ja auch Autopoiesis, also Selbstgestaltung, und nicht Xenopoiesis, Fremdgestaltung. Und deshalb können wir Kinder auch nicht nach unseren Vorstellungen formen und zu dem machen, was wir uns wünschen. Wir können sie nur einladen, ermutigen und inspirieren, all das als wichtig und bedeutsam für sich selbst zu bewerten, was wir selbst für wichtig und bedeutsam halten.

Was aber erscheint uns in unseren Augen heutzutage als besonders bedeutsam? Wofür könnten wir nicht nur uns und unsere Kinder, sondern auch andere Menschen begeistern? Was würde uns guttun und ihnen auch?

Die Antwort auf all diese Fragen ist so einfach: Wir könnten gemeinsam versuchen, über uns hinauszuwachsen. Wir könnten uns gegenseitig einladen, ermutigen und inspirieren, all das zu entdecken, was es miteinander und aneinander und in der Welt, in der wir leben, zu entdecken gibt. Wenn uns das bedeutsam wäre, würden wir lernen, uns selbst, die anderen und unsere Welt noch einmal anders, mit anderen Augen, mit einem offeneren Blick zu betrachten. So könnten wir vielleicht auch das wiederfinden, was wir unterwegs verloren haben: Die Freude an der Buntheit und Vielfalt unserer Welt, deren Teil wir sind und die es nur so lange geben wird, wie wir sie mit all unseren Sinnen erspüren und mit unserem zeitlebens lernfähigen Hirn vielleicht irgendwann auch begreifen und bewahren können.

Dann wären wir wieder im Einklang mit dem, was das Leben in Wirklichkeit ist: kein sich selbst genügender und sich selbst erhaltender, sondern ein erkenntnisgewinnender Prozess.

Statt Mauern und Gräben könnten wir auch Brücken bauen

»Jetzt wächst zusammen, was zusammengehört«, – dieser Satz von Willy Brandt kennzeichnet den Beginn einer neuen Epoche. Nicht weil mit der deutschen Wiedervereinigung im Herbst 1989 etwas Weltbewegendes geschehen war, sondern weil hier erstmals mit wenigen und sehr einfachen Worten zum Ausdruck gebracht und damit bewusst gemacht worden ist, was gegenwärtig die Welt bewegt. Nicht wie bisher, dass sich zusammenschließt oder zusammenrottet, was entweder besonders gut zusammenpasst oder zusammen mächtiger ist als allein. Oder was in der Not zusammengefunden hat. Oder was mit eiserner Gewalt zusammengeschmiedet worden ist.

All das existiert natürlich immer noch, aber jetzt erleben wir zum ersten Mal in der Menschheitsgeschichte, wie gleichzeitig und an vielen unterschiedlichen Orten auf unserem Planeten menschliche Gemeinschaften, die zum Teil über sehr lange Zeiträume hinweg sehr unterschiedliche Wege gegangen waren und sich dabei oft sehr weit voneinander entfernt hatten, wieder zusammenfinden, miteinander nach Lösungen suchen, einander kennenlernen und voneinander lernen. Das ist ein schwieriger Prozess, der nicht überall reibungslos gelingt, mit der Folge, dass sich bestimmte Gemeinschaften auch immer wieder einmauern, von anderen abgrenzen, andere ausnutzen, womöglich sogar unterdrücken und unterwerfen.

Menschliche Gemeinschaften, die auf solche Reaktionsmuster zurückgreifen, verhalten sich ähnlich wie ein einzelner Mensch, der sich verunsichert und bedroht fühlt. In dessen Gehirn ist dann wegen allgemeiner Übererregung auch kein komplexes, handlungsleitendes Muster mehr abrufbar. Dann geht es im Hirn wie in einem Fahrstuhl abwärts, bis selbst bei größter Übererregung doch noch ein stabiles verhaltenssteuerndes Netzwerk abgerufen werden kann. Das sind dann oft nur noch die archaischen Notfallprogramme im Hirnstamm. Wenn die aktiviert werden, wird der betreffende Mensch versuchen, seine Probleme durch Angriff zu lösen, wenn das nicht geht, durch Flucht, und wenn beides nicht funktioniert, durch ohnmächtige Erstarrung. Ein Ausdruck eigener Stärke und innerer Kraft sind solche regressiven Verhaltensweisen nicht. Weder ein einzelner Mensch noch eine Gemeinschaft kann durch Ermahnungen, Drohungen oder gar durch Unterwerfung dazu gebracht werden, diese regressiven Verhaltensmuster aufzugeben und wieder nach komplexeren, also umsichtigeren und nachhaltigeren Lösungen für die entstandenen Probleme zu suchen. Nur die Rückgewinnung von Vertrauen würde dazu führen, dass die höheren Bereiche im Gehirn, vor allem die in der präfrontalen Rinde lokalisierten Netzwerke wieder nutzbar werden.

Deshalb gibt es, wenn wir unsere Konflikte nicht bis in alle Ewigkeit fortführen wollen, gar keine andere Möglichkeit als das fortzusetzen, was einzelne Menschen seit jeher versucht haben und was jetzt, im 21. Jahrhundert, erstmals als globales Unternehmen in Gang gekommen ist. Brücken bauen, Vertrauen stiften. Dazu müssten wir künftig einander einladen, ermutigen und wenn möglich auch inspirieren, noch einmal eine neue, eine bessere Erfahrung in der Begegnung miteinander zu machen. Aber andere einladen und ermutigen kann nur jemand, der die Kraft dazu hat, der also nicht selbst ein Bedürftiger ist, der sich auf Kosten anderer zu stärken versucht.

Die Geschichte der Menschheit ist zwar eine Geschichte fortwährender kriegerischer Auseinandersetzungen. Was uns aber zu dem gemacht hat, was wir heute sind, sind nicht die Kriege, die die einen gewonnen und die anderen verloren haben, sondern die Kulturleistungen, die Menschen überall auf der Erde trotz all dieser Kriege hervorgebracht und an ihre Kinder weitergegeben haben. Diese Vielfalt kultureller Errungenschaften werden wir nur bewahren können, indem wir erkennen und uns bewusst machen, dass kein Mensch seine Potentiale entfalten kann, wenn er in einer Welt leben muss, in der alle regionalen und kulturellen Unterschiede und Besonderheiten nivelliert sind, in der alles überall gleich ist. Das wäre das Gegenteil von dem, was passieren müsste, wenn nun immer stärker zusammenwächst, was zusammengehört. Das wäre eine Welt, in der alles auf das zurechtgestutzt worden ist, was zusammenpasst.

Statt uns vom Leben formen zu lassen, könnten wir auch zu Gestaltern unseres Lebens werden

»Nichts kann in uns oder mit uns geschehen, was unsere Biologie nicht erlaubt. Aber unsere Biologie legt nicht fest, was in uns geschieht. Was in einem lebenden System geschieht, ist abhängig von seiner gelebten Geschichte. Das heißt, das lebende System muss sein Werden in Interaktionen in einem operational unabhängigen Medium leben. Deshalb ist es schlichtweg falsch, von biologischer Determination zu sprechen. Wir Menschen sind biologische Wesen, die sich in einem kulturellen Raum verwirklichen.« (Aus: Humberto R. Maturana und Gerda Verden-Zoller. *Liebe und Spiel. Die vergessenen Grundlagen des Menschseins*, Heidelberg, 1993, Seite 14).

Mit diesen wenigen Sätzen hat Humberto Maturana die genetisch-deterministische Biologie des 20. Jahrhunderts relativiert: Unsere Biologie legt fest, was aus uns werden könnte. Was aber tatsächlich aus uns wird, hängt von den Erfahrungen ab, die wir im Lauf unseres Lebens innerhalb des jeweiligen kulturellen Raumes machen, in den wir hineinwachsen.

Der kulturelle Raum, in den wir hineinwachsen, in dem wir unsere ersten Erfahrungen sammeln, die sich dann zu Haltungen verdichten, sind unsere jeweiligen Herkunftsfamilien. Die wiederum sind eingebettet in den kulturellen Raum der Kommune, der Stadt, der Region, des Landes, des Kulturkreises mit den jeweiligen natürlichen, ökologischen, politischen, historischen, religiösen und nicht zuletzt wirtschaftlichen Gegebenheiten, die diesen Kulturkreis auszeichnen. Die Erfahrungen, die Menschen dort im Lauf ihres Lebens machen, machen müssen oder machen können, werden individuell umso unterschiedlicher sein, je weniger das jeweils übergeordnete System Einfluss auf die darunter liegenden Subsysteme nimmt. Krieg, Naturkatastrophen, Hunger, Not und Elend, ein sehr zentralistischer Staat oder ein alle Bereiche durchdringendes Wirtschaftssystem, eine von allen geteilte Ideologie oder eine gemeinsame religiöse Überzeugung können bisweilen so übermächtig werden, dass sie den Erfahrungsraum der einzelnen Familien, jedes einzelnen Mitglieds und vor allem der in diese Gemeinschaften hineinwachsenden Kinder bestimmen. Das war im Dreißigjährigen Krieg so, das war während der Industrialisierung in England so oder während der Weltwirtschaftskrise im vorigen Jahrhundert, während der Zeit des Nationalsozialismus oder in den nach dem Zweiten Weltkrieg entstandenen kommunistischen Diktaturen. Und das ist natürlich auch heute noch so, in manchen Ländern und Kulturkreisen stärker als in anderen.

Immer machen Menschen unter solchen restriktiven Bedingungen mehrheitlich die Erfahrung, dass sie den jeweils herrschenden Zwängen und Erfordernissen hilflos ausgeliefert sind, dass sie sich fügen, an die Verhältnisse anpassen müssen und dass es unter diesen Bedingungen nichts Bedeutsameres gibt, als das nackte Überleben zu sichern. Dann ist jeder sich selbst der Nächste, und jeder versucht auf seine Weise durchzukommen. Manche gehen in den Widerstand, andere versuchen abzutauchen, der Rest hält aus und hofft auf bessere Zeiten oder auf Rettung, woher auch immer sie kommen mag.

Meist dauert es mehrere Generationen, bis es den nachwachsenden Kindern und Jugendlichen gelingt, sich allmählich aus diesen Erfahrungsräumen ihrer Vorfahren zu lösen. Vorreiter dieses Prozesses der Wiedererlangung eigener Gestaltungskraft sind meist die Nachkommen solcher Eltern, denen es unter den ehemals herrschenden restriktiven Bedingungen noch am besten gelungen war, sich dem allgemeinen Anpassungsdruck zu widersetzen. Und erleichtert wird dieser Prozess durch Begegnungen mit solchen Vorbildern, die in weniger restriktiven Erfahrungsräumen aufgewachsen sind und dort offenere Haltungen entwickeln konnten.

Diese »Musterbrecher« eröffnen neue Erfahrungsräume, die zunächst als Jugendkulturen von den Erwachsenen beargwöhnt, später geduldet und schließlich von ihnen sogar selbst erschlossen werden. Die so gemachten neuen Erfahrungen führen zur Herausbildung anderer Haltungen. Damit ändern sich die Bewertungen, und mit diesen anderen Bewertungen ändert sich auch der Blick für das, worauf es im Leben ankommt. Und das ist nun nicht mehr das nackte Überleben, das Zurückstellen eigener Bedürfnisse oder die Besitzstandswahrung, sondern das Wiederentdecken der eigenen Entdeckerfreude und Gestaltungslust und die Offenheit gegenüber neuen Erfahrungen, auch der Mut, sich neuen Herausforderungen zu stellen, und die Zuversicht, Probleme und Konflikte lösen zu können. Wenn es innerhalb eines Kulturkreises zu einer solchen Veränderung der inneren Haltungen und Überzeugungen bei einer kritischen Masse der Bevölkerung gekommen ist, so entsteht ein neuer Geist, und die Menschen beginnen, über sich hinauszuwachsen.

Statt so weiterzumachen wie bisher, könnten wir auch versuchen, über uns hinauszuwachsen

»Unsere größte Angst ist nicht, unzulänglich zu sein. Unsere größte Angst ist, grenzenlos mächtig zu sein. Unser Licht, nicht unsere Dunkelheit ängstigt uns am meisten.« Auch Sie werden diese Aussage von Nelson Mandela wohl ein zweites Mal lesen müssen, weil Sie glauben, sich beim ersten Mal verlesen zu haben. Dass es immer auch ein bisschen Angst macht, wenn man alte Gewohnheiten überwinden und sich neuen Herausforderungen stellen will, wissen wir alle. Aber dass in uns ein Potential verborgen sein soll, das wir offenbar noch gar nicht kennengelernt, das wir bestenfalls bisher nur andeutungsweise zur Entfaltung gebracht haben, passt nicht so recht in unser Selbstbild. Wieso wir Angst vor dem haben sollten, was da noch in uns steckt, lässt sich kaum verstehen. Und als mächtig haben wir einen Menschen bisher doch immer nur dann erlebt, wenn er rücksichtslos und unter Ausblendung aller Bedenken seine Interessen auf Kosten anderer durchsetzt. Wenn er, gesteuert von den archaischen Notfallprogrammen in seinem Hirnstamm, mit geballter Faust auf den Tisch haut, blind vor Wut alle anderen herunterputzt oder alles kurz und klein schlägt. Oder wenn er andere Menschen bedroht oder von sich abhängig macht und sie dazu bringt, dass sie Angst vor ihm haben. Und was ein solcher Mensch ausstrahlt, ist doch auch kein Licht, das ist finstere, archaische Dunkelheit.

Was also meint dieser Freiheitskämpfer, Friedensstifter und Nobelpreisträger Nelson Mandela mit dem, was er uns hier sagt? Könnte es sein, dass wir durch die Art und Weise, wie wir leben, wie wir miteinander umgehen und durch all das, was wir uns gegenseitig einreden, uns selbst so sehr begrenzen und an der Entfaltung unserer Potentiale hindern, dass es uns ängstigen würde, wenn wir einem Menschen begegneten, der diesen Begrenzungen entkommen ist, der sie für sich überwunden hat? Von dem eine Kraft ausstrahlt, die wir nicht kennen, und der unser Bild bedroht, das wir uns von uns selbst gemacht haben?

Ich war vor einiger Zeit zu einer Tagung des Philologenverbandes eingeladen und habe die dort versammelten Gymnasiallehrer gefragt, was aus ihrer Sicht die größte und bedeutendste pädagogische Leistung der letzten drei Jahrzehnte sei. Weil nur sehr spärliche Antworten kamen, erinnerte ich sie daran, was noch zu meiner Schulzeit allgemeine Überzeugung und pädagogische Praxis war: Dass damals alle Kinder mit Trisomie 21 als Mongoloide bezeichnet und als genetisch defizient, in ihrer Hirnentwicklung massiv gestört betrachtet wurden. Dass sie deshalb als schwachsinnig galten und natürlich unbeschulbar waren. Das war vor dreißig Jahren. Und heute haben die ersten Trisomie-21-Patienten ihr Abitur gemacht und ein Studium aufgenommen. Was ich in den Gesichtern einiger dieser Pädagogen anschließend erkennen konnte, war nicht nur Angst. Das war blankes Entsetzen.

Es lässt sich nur erahnen, was aus nicht mit solch einer schweren genetischen Störung belasteten Kindern werden könnte, wenn sie von Eltern, Lehrern und Erziehern so angenommen und begleitet würden, wie das diese Kinder mit Trisomie 21 unter der kompetenten Begleitung von besonderen Pädagogen erfahren durften: Liebevoll, zugewandt, ohne Vorurteile und ohne Erwartungen, ohne Druck und ohne Angst, einladend, ermutigend und inspirierend, mit Zuversicht und voll Vertrauen, und mit der ganzen didaktischen und methodischen Kompetenz, über die unsere moderne Pädagogik inzwischen verfügt. Wenn allen Kindern also das geboten würde, was alle Kinder und auch alle Erwachsenen mehr als irgendetwas anderes brauchen: Vertrauen.

Nichts ist in der Lage, die zum Lernen erforderliche Offenheit und innere Ruhe effektiver herzustellen als dieses Gefühl von Vertrauen. Deshalb suchen alle Kinder enge Beziehungen zu Menschen, die ihnen Sicherheit bieten und ihnen bei der Lösung von Problemen behilflich sind, die ihnen nicht nur sagen, sondern selbst vorleben, worauf es im Leben ankommt, und ihnen auf diese Weise Orientierung bei der Entdeckung ihrer eigenen Möglichkeiten zur Gestaltung ihres Lebens bieten. Vertrauen ist das Fundament, auf dem alle unsere Entwicklungs-, Bildungs- und Sozialisierungsprozesse aufgebaut werden. Vertrauen braucht ein Kind auch später, wenn es erwachsen geworden ist, mehr als alles andere, um sich der Welt und anderen Menschen offen, ohne Angst und Verunsicherung zuwenden und auch schwierige Situationen meistern zu können. Dieses Vertrauen muss während der Kindheit auf drei Ebenen entwickelt werden:

• als Vertrauen in die eigenen Möglichkeiten, Fähigkeiten und Fertigkeiten zur Bewältigung von Problemen,
• als Vertrauen in die Lösbarkeit schwieriger Situationen gemeinsam mit anderen Menschen und

- als Vertrauen in die Sinnhaftigkeit der Welt und das eigene Geborgen- und Gehaltensein in der Welt.

Lehrer und Erzieher, die selbst verunsichert sind oder ständig verunsichert werden, bieten die schlechtesten Voraussetzungen dafür, dass dieses Vertrauen wachsen kann. Was Kinder also stark und offen macht, hängt von der Stärke und Offenheit der Erwachsenen ab, unter deren Obhut sie aufwachsen. Vielleicht ist es dieses intuitive Wissen über ihre eigene Bedürftigkeit und Begrenztheit, was manchen Eltern, Erziehern und Pädagogen Angst macht.

Wir könnten mutiger und zuversichtlicher sein

Die Erkenntnisse der Neurobiologen belegen, dass sich Menschen zeitlebens verändern. Meist folgen sie dabei allerdings ihren bereits vorher erworbenen Mustern, so dass dieser Anteil, den wir Persönlichkeit oder Charakter nennen, weitgehend änderungsresistent erscheint. Deshalb dürfen wir uns hier nicht am Durchschnitt und der Norm orientieren, sondern müssen uns die sogenannten Ausnahmen genauer anschauen. Diese sogenannten Musterbrecher sind leider selten, aber sie zeigen, dass es geht und auch wie es gehen kann: Indem eine Person Anteile in sich wiederentdeckt und weiterentwickelt, die im alten »Betriebsmodus« verdrängt, unterdrückt oder abgespalten waren. Dazu kann man nicht von außen überredet, überzeugt, angeleitet oder unterrichtet werden. Wer andere Menschen auf einen solchen Weg bringen will, müsste in der Lage sein, sie zu ermutigen oder – wenn er das vermag – zu inspirieren, eine neue Erfahrung mit sich selbst, mit anderen, in der Schule oder der Ausbildung, im Beruf, in seiner eigenen Lebensgestaltung machen zu wollen.

Was die meisten Führungskräfte, Ausbilder, Lehrer und Erzieher stattdessen ständig versuchen, nämlich andere »zu motivieren«, ist hirntechnischer Unsinn, führt nicht in die Selbstverantwortung und Selbstgestaltung, sondern erzeugt bestenfalls Dressur- und Abrichtungsleistungen, also erzwungene Anpassung an die Wünsche oder Anordnungen des jeweiligen Dompteurs. Wer andere zu motivieren versucht, will sie genau genommen nach seinen Vorstellungen bilden, erziehen, einsetzen. Das hat mit Ermutigung und Inspiration zu eigener Potentialentfaltung nichts zu tun. Viele Eltern, Erzieher und Führungskräfte haben leider noch das aus dem vorigen Jahrhundert stammende Welt- und Menschenbild im Kopf: das einer auf maximale Ressourcenausnutzung orientierten Gesellschaft. Da muss man Dressurmethoden einsetzen, Konkurrenz schüren, Fachidioten ausbilden, Abhängigkeiten erzeugen und klare Hierarchien und Karriereleitern aufbauen. Da muss man ständig neue Maßnahmen, Regeln und Kontrollverfahren einsetzen und möglichst viel Druck erzeugen, damit man den Wettkampf um die noch verfügbaren Ressourcen gewinnt. Kurzfristig mag das auch heute noch gelegentlich funktionieren, aber langfristig führt dieses alte Muster in Sackgassen.

Doch unser Gehirn, auch das von Lehrern und Führungskräften, kann sich verändern. Allerdings nur dann, wenn es anders als bisher genutzt wird. Was müsste passieren, damit Menschen ihre Gedanken auf ganz neue Wege schicken und neue Vorstellungen über das, worauf es im Leben ankommt, entwickeln können? Auch diese Frage ist inzwischen mit Hilfe der neuen Erkenntnisse der Hirnforscher recht leicht beantwortbar, wenngleich diese Erkenntnisse im Grunde nur das bestätigen, was wir alle längst wissen: Es muss etwas passieren, d. h. eine Person muss etwas erleben oder erfahren, was »unter die Haut geht«. Es darf nicht so stark sein, dass sie gleich in Angst und Panik gerät. Es sollte als Gefühl vielleicht noch nicht einmal so eindringlich sein, dass es sie betroffen macht, sie also unter Umständen gar beschämt. Es müsste etwas sein, was sie im Innersten berührt oder anrührt. Und anrühren kann einen Menschen nur etwas, was eine alte Sehnsucht in ihm wiedererweckt, was etwas in ihm wachruft oder an etwas in ihm anknüpft, das ihm abhanden gekommen oder was in seinem Hirn durch später gemachte Erfahrungen überlagert und damit verschüttet worden ist.

Damit ein Mensch in die Lage versetzt wird und den Mut findet, seine im Lauf des Lebens angeeigneten, sowohl individuell als auch kollektiv erfolgsgebahnten Ideen und Vorstellungen loszulassen, müsste er also die Gelegenheit geboten bekommen, etwas wiederzufinden, was er verloren hat: seine Fähigkeit, die Welt wieder mit den Augen des Kindes zu betrachten, das er ja selbst einmal war – so offen, so vorurteilsfrei und so neugierig, wie das noch immer als frühe Erfahrung in den damals herausgeformten und inzwischen »nach unten abgesackten« und von anderen Erfahrungen überlagerten Schichten seines Gehirns verankert – und deshalb auch jederzeit wieder reaktivierbar – ist.

Wir müssten also einander mehr Mut machen, uns gegenseitig besser unterstützen und die Bemühungen anderer häufiger mit Anerkennung würdigen, um genau das zur Entfaltung zu bringen, was wir in der heutigen Zeit mehr als alles andere brauchen: Verständnis für Menschen aus anderen Kulturen und Kreativität bei der Suche nach gemeinsamen Lösungen. Zusammenarbeit bei der Umsetzung guter Ideen. Auch Durchhaltevermögen und Zuversicht. Und etwas mehr Umsicht und Geduld, weil nicht alles, was endlich in Gang gesetzt wird, auch sofort zu sichtbaren Effekten führt.

Wer sich also weiterentwickeln will, müsste in Beziehungen denken und in Beziehungsfähigkeit investieren. Das ist das Geheimnis der Kunst des miteinander und aneinander Wachsens. Erreichen lässt sich dieses Kunststück aber nur durch die Wertschätzung des jeweils anderen als einzigartige Persönlichkeit, als Quelle von Wissen und Erfahrungen sowie durch die Einführung einer Lern- und Fehlerkultur im gelebten Miteinander, einer Kultur, in der Fehler als Lernchancen begriffen werden und in der Menschen dazu ermutigt werden, die in ihren jeweiligen Lebenswelten gemachten Erfahrungen auszutauschen und auf diese Weise gemeinsam über sich hinauszuwachsen.

Wir könnten gelassener und kreativer sein

Kreative Menschen wissen oft gar nicht genau, woher sie ihre Inspirationen nehmen und wie sie zu ihren genialen Einfällen kommen. Manchmal scheint es so, als seien ihre Ideen oder ihre Leistungen »gänzlich aus dem Bauch« gekommen oder vom »tiefsten Grund des Herzens« geschöpft. Am schöpferischsten sind wir sonderbarerweise unter Bedingungen, die nach landläufiger Meinung überhaupt nicht geeignet sind, hirntechnische Hochleistungen zu erbringen: träumend oder noch halb schlafend, beim Spazierengehen oder unter der Dusche. Kreativität, so scheint es, ist eine Leistung, die nicht dadurch erreicht werden kann, dass man sein Denkorgan besonders anstrengt, um ein bestimmtes Problem zu lösen. Vielmehr kommen uns die wirklich kreativen Einfälle wohl eher ausgerechnet dann, wenn es uns gelingt, unser Gehirn ohne Druck und ohne gezielte Anstrengung zu benutzen. In gewisser Weise geht es uns dabei offenbar ähnlich wie den besten Sängern unter den Singvögeln, deren Gesangsleistungen Konrad Lorenz so treffend beschrieben hat: »Wir wissen wohl, dass dem Vogelgesang eine arterhaltende Leistung bei der Revierabgrenzung, bei der Anlockung des Weibchens, der Einschüchterung von Nebenbuhlern usw. zukommt. Wir wissen aber auch, dass das Vogellied seine höchste Vollendung, seine reichste Differenzierung dort erreicht, wo es diese Funktionen gerade nicht hat. Ein Blaukehlchen, eine Amsel singen ihre kunstvollsten und für unser Empfinden schönsten, objektiv gesehen am kompliziertesten gebauten Lieder dann, wenn sie in ganz mäßiger Erregung, »dichtend«, vor sich hinsingen. Wenn das Lied funktionell wird, wenn der Vogel einen Gegner ansingt, oder vor dem Weibchen balzt, gehen alle höheren Feinheiten verloren, man hört dann eine eintönige Wiederholung der lautesten Strophen. Es hat mich immer wieder geradezu erschüttert, dass der singende Vogel haargenau in jener biologischen Situation und in jener Stimmungslage seine künstlerische Höchstleitung erreicht wie der Mensch, dann nämlich, wenn er in einer gewissen seelischen Gleichgewichtslage, vom Ernst des Lebens gleichsam abgerückt, in rein spielerischer Weise produziert.« (Konrad Lorenz: Die angeborenen Formen möglicher Erfahrung, Zeitschrift f. Tierpsychologie Bd. 5, S 16 – 409, 1942).

Wenn wir uns nun selbst fragen, wann es uns im Lauf unseres Lebens am besten gelungen ist, »in einer gewissen seelischen Gleichgewichtslage, vom Ernst des Lebens gleichsam abgerückt«, in rein spielerischer Weise unser Gehirn zu benutzen, so wird dieser Zustand höchster Kreativität für die meisten Menschen dort erinnerbar sein, wo wir ihn in unserer vom Effizienzdenken geprägten Vorstellungswelt am wenigsten vermutet hätten: in der frühen Kindheit.

Die entscheidenden Grundlagen für spätere kreative Leistungen werden in der frühen Kindheit angelegt, wenn Kinder sich in der Welt spielerisch erproben. Aber das Gehirn ist eine Baustelle, und zeitlebens kann man neue Erfahrungen machen und in den oberen Stockwerken Erweiterungen vornehmen. Aber je fester und breiter das Fundament angelegt ist, desto größer und stabiler kann das Bauwerk werden. Je dürftiger und je wackliger das Fundament geworden ist, desto größer wird die Gefahr, dass das darauf gebaute Haus entweder sehr schief oder sehr wacklig wird. Viele Stockwerke lassen sich auf solch schwachen Fundamenten auch nicht errichten. Dieses Bild hätten viele Menschen auch ohne die neueren Erkenntnisse der Hirnforscher genutzt, um zu beschreiben, wie Kreativität entsteht, wie sie gefördert werden kann und wodurch sie eingeschränkt wird. Und auch die Erweiterung dieses Bildes um die soziale Dimension und die genaue Kenntnis der soziokulturellen Strukturierung des menschlichen Gehirns ist gut mit dem Bild der Baustelle beschreibbar: Wenn alle Menschen eines bestimmten Kulturkreises traditionsgemäß ihre Häuser auf eine bestimmte Weise erbauen, gleichen sich eben auch die Fundamente, die Höhe und die Stabilität der Häuser in dieser Region weitgehend. Und wenn in den Gehirnen der Menschen einer bestimmten Kulturgemeinschaft weitgehend identische Grundmuster entstanden sind, bleibt auch das, was diese Menschen miteinander auszutauschen haben, sehr beschränkt und schwer verwandelbar.

Diese traditionell gewachsenen, d. h. transgenerational überlieferten Denkstrukturen und Vorstellungen haben sich nicht ohne Grund so herausgeformt, wie sie nun einmal in einer jeden Kulturgemeinschaft geworden sind. Sie hatten ursprünglich eine bestimmte, das Leben sichernde und den Zusammenhalt der Gemeinschaft festigende Funktion. Es ist daher wichtig, nach den Gründen für die Entstehung bestimmter Denkmuster im eigenen Kopf wie auch in den Köpfen aller anderen Mitglieder der betreffenden Kulturgemeinschaft, also der Familie, der Sippe, der Kommune, der Region, des Landes etc. zu suchen, in die man hineingeboren und in der man aufgewachsen ist. Wer sich auf dieses nicht ganz leichte, weil sehr angstbesetzte Unterfangen einlässt, wird feststellen, dass manche dieser Gründe durchaus realistisch und noch immer vorhanden sind, während andere Ursachen auf längst vergangene Ereignisse und Erfahrungen der betreffenden Gemeinschaft zurückgehen, also ihre damalige Bedeutung längst verloren haben und nur noch historisch zu verstehen sind. Oft sind diese alten Denkmuster aber für die Bewältigung neuer Herausforderungen nicht nur nutzlos, sondern enorm hinderlich. Wer das zu durchschauen und zu unterscheiden lernt, befindet sich auf dem Weg der Selbsterkenntnis. Er kann das vollziehen, was die entscheidende Voraussetzung für die Wiedererweckung von Kreativität, Entdeckerlust und Neugier ist: das Loslassen von übernommenen Vorstellungen, die das eigene Denken behindern.

So unzweckmäßig auch das Festhalten an alten, gebahnten Denkmustern sein mag, so leisten sie doch etwas sehr Bedeutsames: Sie sind vertraut und bieten – vor allem dann, wenn viele andere Menschen auch so denken und mit denselben Einstellungen und Überzeugungen herumlaufen – Sicherheit. Sich davon zu lösen macht Angst. Deshalb müssen Menschen, die neues Denken wollen, diese Angst überwinden. Das einzige Gegenmittel gegen Verunsicherung und Angst – auch das können die Hirnforscher inzwischen mit Hilfe ihrer bildgebenden Verfahren objektiv und empirisch nachweisen – ist Vertrauen. Wer kreativ sein will, braucht also Vertrauen in sich selbst, in seine eigenen Fähigkeiten und Fertigkeiten, in die eigenen Erfahrungen und das eigene Wissen.

Selbstvertrauen ist zwar eine notwendige, jedoch noch keine hinreichende Voraussetzung für die Aufrechterhaltung und Wiederentdeckung von Entdeckerfreude und Gestaltungslust und damit für das Auffinden kreativer und innovativer Lösungen. Allzu leicht verschmort die individuelle Entdecker- und Gestaltungslust im eigenen Saft. Sie orientiert sich dann in erster Linie an den eigenen Interessen und rekrutiert sich primär aus den eigenen Ressourcen, den eigenen Kenntnissen, den eigenen Erfahrungen, den eigenen Fähigkeiten. Wirklich kreativ werden Menschen erst dann, wenn es ihnen gelingt, ihre in ihren jeweiligen Lebenswelten individuell erworbenen Fähigkeiten, Kenntnisse, Begabungen und Vorstellungen mit denen anderer Menschen zu verschmelzen. Dazu freilich bedarf es der Begegnung und des vertrauensvollen Austausches von Menschen mit möglichst verschiedenen soziokulturellen Erfahrungen. Damit derartige Begegnungen und ein solcher wechselseitiger Austausch zwischen sehr unterschiedlichen Menschen stattfinden kann, müsste das Band gestärkt werden, das Menschen über ihre unterschiedlichen Herkünfte, ihre unterschiedlichen Ausbildungen und ihre individuellen kulturspezifischen Eigenarten hinweg verbindet. Dazu müssten wir genau das überwinden, was uns als Kleingruppen bisher so fatal zusammengehalten und unser Denken, Fühlen und Handeln bestimmt hat: die Angst vor allem Fremden. Deshalb ist die entscheidende Voraussetzung für die Entfaltung unseres kreativen Potentials die Überwindung der individuellen Angst durch die Stärkung von wechselseitigem Vertrauen.

Wir könnten gesünder und zufriedener sein

Wenn die Prognosen der WHO zutreffen – und es gibt keinen Grund, an der prognostizierten dramatischen Zunahme stressbedingter Erkrankungen in den hochentwickelten Industriestaaten zu zweifeln –, so werden in Zukunft kaum bewältigbare Kosten auf die medizinischen Versorgungssysteme und damit auf die Krankenkassen dieser Länder zukommen. Absehbar ist nicht nur eine enorme Zunahme stressbedingter somatischer Erkrankungen, vor allem die durch muskuläre Verspannungen verursachten langfristigen Schäden des Halte- und Bewegungsapparates und die durch permanent erhöhten Sympatikotonus verursachten kardiovaskulären Störungen. Es ist auch mit einem dramatischen Anstieg stress- und angstbedingter psychischer Erkrankungen zu rechnen, dazu zählen Angststörungen, Depressionen, Suchterkrankungen, Zwangsstörungen, Burn-out-Syndrome etc.

Nur vordergründig scheint diese Entwicklung durch eine zunehmende berufliche Belastung der arbeitenden Bevölkerung bedingt zu sein. Wesentlich bedeutsamer dürfte eine ständig abnehmende Fähigkeit der Menschen in den hochentwickelten Industriestaaten sein, mit psychischen Belastungen umzugehen. Zu viele Menschen leiden an Stress, weil sie über zu geringe Kompetenzen zur Stressbewältigung verfügen. Hierzu zählt die Fähigkeit zur Selbstregulation und zur Selbstreflexion, gut ausgebildete Kontrollüberzeugungen und Selbstwirksamkeitskonzepte, Frustrationstoleranz und Flexibilität. Bei vielen sind die Konfliktlösungskompetenz, die Planungs- und Handlungskompetenz und die Fähigkeit zur konstruktiven Beziehungsgestaltung nur unzureichend entwickelt. Diese Menschen erleben sich allzu leicht als ohnmächtig, als ausgeliefert und fremdbestimmt. Dieser Mangel an eigenen Kompetenzen zur Stressbewältigung wird noch enorm verstärkt durch einen hohen Erwartungsdruck, durch eigene unrealistische Vorstellungen und durch einen Mangel an kohärenten, sinnstiftenden und haltbietenden Orientierungen.

Diese Defizite sind nicht erst im oder durch das Berufsleben entstanden. Sie sind eine zwangsläufige Folge früher, oft schon während der Kindheit, spätestens aber in der Schule und während der Ausbildung gemachter und im Berufsleben weiter bestärkter Erfahrungen eigener Unzulänglichkeit, unzureichender psychosozialer Unterstützung und fehlender Orientierungen. Mit anderen Worten heißt das: In den hochentwickelten Industriestaaten gibt es für zu viele Menschen während der Phase der Hirnentwicklung zu wenige stärkende und stark machende und dafür zu viele schwächende und schwach machende Erfahrungen.

Wie die neueren Ergebnisse der Hirnforschung zeigen, werden Erfahrungen immer gleichzeitig auf der kognitiven, auf der emotionalen und auf der körperlichen Ebene in Form entsprechender Denk-, Gefühls- und körperlicher Reaktionsmuster verankert und aneinander gekoppelt (»Embodiment«).

Aus diesem Grund sind alle späteren Versuche, die Stressbewältigungsfähigkeit von Menschen durch kognitive Fortbildungsprogramme zu verbessern, zwangsläufig zum Scheitern verurteilt, wenn dabei nicht gleichzeitig auch die emotionalen (Gefühle, Einstellungen, Haltungen) und die körperlichen Ebenen (Bewegung, Körperbeherrschung, Körperhaltung) mit einbezogen werden. Nur wenn Menschen neue Erfahrungen von Selbstwirksamkeit, Gestaltungskraft und Entdeckerfreude am eigenen Körper und unter Aktivierung ihrer emotionalen Zentren machen, können diese Erfahrungen auch nachhaltig in Form entsprechender neuronaler Verschaltungsmuster in ihrem Gehirn verankert werden. Nur so lässt sich ihre Resilienz, also ihre Stressbewältigungsfähigkeit, auch noch im Erwachsenenalter stärken.

Unser Gehirn ist eine Baustelle, und zwar nicht nur während unserer Kindheit, sondern lebenslang. Und das ist gut so. Wäre das Gehirn im erwachsenen Zustand nämlich so etwas wie ein fertiges Haus, so gäbe es keine Möglichkeit, ein solches Haus, wenn es aus irgendwelchen Gründen schief geworden ist, später noch so umzubauen, dass es wieder aufrecht und stabil auf seinem Fundament ruht. Wie die Hirnforscher inzwischen an vielen Beispielen zeigen konnten, wird unser Erleben von uns selbst und von den Erfahrungen, die wir in der Beziehung zu unserer Mitwelt machen, ständig neu kreiert. Muster des Erlebens und Verhaltens, die wir unter emotionaler Beteiligung aktivieren, werden verstärkt und als neuronale Verschaltungsmuster strukturell verankert, das heißt sie werden im Gehirn »verkörpert«. Das bedeutet, dass wir zu jedem Zeitpunkt unseres Lebens die bisher herausgeformten Verschaltungen in unserem Gehirn auch neu konstruieren können. Wir müssten dazu eines dieser bisher benutzten motorischen, sensorischen, kognitiven oder affektiven Muster verlassen, also beginnen, anders zu sehen, zu fühlen oder zu handeln.

Wenn es uns gelingt, auf einer dieser Ebenen ein neues Muster auszubilden, so werden alle anderen Ebenen davon gleichsam »mitgezogen«. Wenn wir damit beginnen könnten, die Welt anders als bisher zu betrachten oder anders zu denken, wenn es uns gelänge, nicht immer mit den gleichen Gefühlen auf dieselben Auslöser zu reagieren oder vielleicht auch nur eine andere Körperhaltung einzunehmen, so hätte das enorme Folgen für alles, was auf der Baustelle »Gehirn« passiert. Denn dann werden nicht nur diejenigen neuronalen Verschaltungsmuster umgebaut, die an dieser neuen Leistung beteiligt sind, sondern ebenso auch alle anderen, die damit auf irgendeine Weise Verbindung stehen.

Das menschliche Gehirn ist aber nicht nur umbaufähiger als bisher angenommen. Die Wahrnehmung und das Empfinden und Denken und das Fühlen, auch die Stimmungen und die Körperhaltung und all das, was im Körper passiert, sind viel enger miteinander verbunden und aneinander gekoppelt, als bisher gedacht. Körper und Geist, Denken und Fühlen bilden normalerweise eine Einheit: Änderung ist auf allen Ebenen möglich. Am leichtesten gelingt das, wenn wir beginnen, unseren eigenen Körper wiederzuentdecken. Weil er ursprünglich so eng mit dem Gehirn und mit allem, was dort geschah, verbunden war, bietet der Körper einen besonders guten Zugang zu allen Ebenen des Erlebens und Verhaltens, zu den im Hirn abgespeicherten Sinneseindrücken, den Gefühlen, den unbewussten Verhaltensmustern und nicht zuletzt zu den früheren Erinnerungen. Deshalb erfahren die meisten Menschen, sobald sie ihren Körper wiederzuentdecken beginnen, dass sie nun wieder Zugang zu sich selbst finden. Für jeden, der sich darum bemüht, eingefahrene Körperhaltungen, alte Bewegungs- und Verhaltensmuster zu verändern, besteht der Lohn seiner Anstrengung in einer Wiederentdeckung seiner eigenen Kompetenz, in einer neuen Haltung und einer neuen Einstellung – und nicht zuletzt in einem Zuwachs an Selbstgefühl und Selbstvertrauen. Das bedeutet nichts anderes als das Wiederfinden der eigenen Gestaltungskraft und Lebendigkeit. Damit dieser komplexe Umbauprozess gelingt, bedarf es mehr als guter Ratschläge, Gespräche oder tiefschürfender Überlegungen. Sie wären nur dann ein geeignetes Mittel, wenn sie auch wirklich auf den Grund gehen, d. h. wenn sie zu grundlegend neuen emotional aufrüttelnden Erkenntnissen führen, die dann auch neue Erfahrungen ermöglichen. Weitaus wirkungsvoller sind reale Erfahrungen, die die betreffende Person mit all ihren Sinnen macht, die also nicht nur verbale Repräsentationen von Erfahrungen sind.

Um unsere unbewusst und implizit herausgeformten, über lange Zeiträume stabilisierten Prägungen umzugestalten, müsste also in uns ein positiv besetztes und sehr tief sitzendes inneres Bedürfnis geweckt werden. Es müsste so etwas wie eine tiefe innere Berührung erfolgen, eine möglicherweise schon lange verschüttete Sehnsucht in uns wieder wach werden. Dann vielleicht könnten wir das, was wir für unser »Ich« halten, als ein recht schief gewordenes Haus in seiner Schräglage tatsächlich sehen und uns daranmachen, es von dort aus, wo es noch stabil und gerade steht, also von ganz unten her, wieder aufzurichten. Und gut gebaut, noch nicht verbogen und noch festgefügt war das »Ich« damals, als es noch nicht von dem abgetrennt war, was wir den Körper und die Gefühle nennen. Als wir uns noch nicht ständig darum bemüht hatten, so zu werden, wie es diejenigen, zu denen wir dazugehören wollten, damals von uns erwartet haben. Wir müssten uns also auf die Suche nach dem machen, was unser ursprüngliches »wahres Selbst« ist, nämlich eins zu sein und zu Hause zu sein in unserem Körper, mit all unseren authentischen Regungen und Empfindungen. Dann wären wir nicht nur zufriedener, dann würden wir auch wieder gesünder.

Ein bisschen freier wären wir alle gern, und ihre Träume von der großen Freiheit erzählen sich Männer am Stammtisch genauso gern wie Frauen beim Einkaufsbummel. Aber wenn es so wäre und sie frei entscheiden könnten, ob sie die Unwägbarkeiten eines Lebens in völliger Freiheit in Kauf nehmen oder doch lieber in einigermaßen haltbietenden und verlässlichen Strukturen leben wollen, so würden sich die meisten Menschen wohl eher für die Sicherheit des eigenen Eingebundenseins entscheiden. Und wenn uns jemand davon überzeugen will, dass wir in Wirklichkeit doch viel freier sind, als wir glauben, so werden die meisten von uns nach Erklärungen suchen, weshalb das, zumindest in ihrem Fall, nicht zutrifft. Manche wehren sich sogar sehr vehement gegen die Vorstellung, es könne für sie einen größeren Handlungsspielraum geben als den, den sie schon immer genutzt haben. Offenbar verletzt der Gedanke, dass für sie mehr möglich wäre, ihr eigenes Selbstbild. Deshalb verteidigen sie, meist ohne es selbst zu bemerken oder sich bewusst zu machen, ihre eigene Unfreiheit, die sie doch aber auch so sehr beklagen. Schließlich müsste jeder, der frei wäre und frei entscheiden könnte, wie er handeln will, ja auch ganz allein die Verantwortung dafür übernehmen, was er mit dieser Freiheit macht, nicht nur für das, was er tut, sondern auch für all das, was er unterlässt.

Das ist alles nicht besonders bequem, und deshalb haben es Menschen bisher meist vorgezogen, nach jemand anderem zu suchen, dem sie die Verantwortung für all das übertragen konnten, was sie selbst nicht frei entscheiden wollten. »Das hat das Schicksal so vorbestimmt«, »Das ist von Gott so gewollt, so hat er uns geschaffen«, waren die häufigsten Erklärungen vor der Aufklärung. »Das liegt an unseren Genen«, »Das ist unser steinzeitliches Verhaltensprogramm« hieß es dann auf der Welle des Biologismus im vorigen Jahrhundert. Und als die Überzeugungskraft auch dieser Erklärungen zu verblassen begann, gewannen Hirnforscherbefunde an Attraktivität, die sich so interpretieren ließen, als könnten wir Menschen gar keine freien Entscheidungen treffen.

Die Hirnforscher hatten herausgefunden, dass immer kurz vor dem Moment, in dem wir uns entscheiden, im Hirn bereits ein Erregungsmuster aufgebaut wird, das genau die Handlung lenkt, zu der wir uns entscheiden. Wenn wir also denken, wir hätten eine eigene Entscheidung getroffen, ist im Hirn alles bereits vorher entschieden worden. Diese letzte und modernste Erklärung, mit der die Willensfreiheit des Menschen scheinbar als Illusion entlarvt werden konnte, wurde von vielen aufgeklärten Menschen dankbar ergriffen.

Aber wie sollte jemand eine Entscheidung treffen oder eine Handlung ausführen, wenn nicht im Gehirn zunächst die für die betreffende Entscheidung oder die jeweilige Handlung erforderlichen neuronalen Netzwerke und synaptischen Verschaltungsmuster in einen aktivierten Zustand versetzt werden? Ohne diese vorangehende Aktivierung weiß doch kein Mensch, zwischen welchen Alternativen er eine Entscheidung treffen kann bzw. ob er überhaupt in der Lage ist, eine Handlung, für die er sich entscheidet, nachfolgend auch auszuführen. Deshalb lässt sich vor einer freien Willensentscheidung eben auch immer ein bestimmtes, für die Ausführung erforderliches Aktivierungsmuster im Gehirn nachweisen. Wer ein Rad schlagen oder einen Handstand machen wollte, ohne vorher im Gehirn die dafür erforderlichen Netzwerkstrukturen zu aktivieren, würde sich den Hals brechen. Man kann also nur etwas wollen, wenn man zum Zeitpunkt der Entscheidung auch sicher ist, dass man das, was man will, auch wirklich umsetzen kann. Aus neurobiologischer Sicht ist es im Zusammenhang mit der Frage, ob der Mensch einen freien Willen hat, daher nicht interessant, ob es in seinem Hirn kurz vor einer Entscheidung irgendwo »flackert«, sondern ob eine Person überhaupt in der Lage ist, Entscheidungsprobleme vorausschauend zu erkennen und zwischen mehreren Alternativen wählen zu können.

Keine freien Wahlmöglichkeiten haben beispielsweise all jene Menschen, die unter Bedingungen leben müssen, die es ihnen nicht ermöglichen, ihre körperlichen oder psychischen Grundbedürfnisse zu befriedigen: Hierzu zählen Hunger, Durst, Armut, Not, Krieg, Elend, Terror ebenso wie das ungestillte Bedürfnis nach Verbundenheit und Zugehörigkeit oder das ungestillte Bedürfnis nach Wachstum, Potentialentfaltung, Autonomie. Einen freien Willen kann also niemand haben, dem das, was er zum Leben braucht, vorenthalten wird. Genauso wenig können all jene Menschen einen freien Willen entwickeln, die in Abhängigkeit geraten und manipulierbar geworden sind, die nach schweren traumatischen Erfahrungen ohnmächtig und psychisch zerrüttet zurückgeblieben sind, die geistig verwirrt, dement, zwanghaft, psychotisch oder auf andere Weise psychisch gestört sind und die Fähigkeit zu bewusster Selbstreflexion und Selbstregulation verloren haben. Einen freien Willen kann auch niemand entwickeln, dessen präfrontaler Cortex nicht mehr richtig funktioniert oder noch nie funktioniert hat.

Auch jemand, der nicht viel weiß, nicht viel gelernt hat und nicht viel kann, ist in seiner Willensfreiheit entsprechend eingeschränkt. Wo also Bildung auf der Strecke bleibt, geht auch der freie Wille verloren. Und überall dort, wo Menschen in Familien, in Bildungseinrichtungen, am Arbeitsplatz als Objekte behandelt und verwaltet werden, wo sie als Ressourcen für bestimmte Aufgaben funktionalisiert werden oder sich selbst an die Erfordernisse und Erwartungen, die an sie gestellt werden, anpassen und sich auf diese Weise selbst funktionalisieren, bleiben Menschen in der Entfaltung ihrer Willensfreiheit ebenfalls beschränkt. Das gilt auch dann, wenn sie sich mit den herrschenden Verhältnissen arrangiert haben und von der so erworbenen Unfreiheit nichts merken und meist auch nichts wissen wollen. Wer also wirklich möchte, dass Menschen frei werden, müsste sich um die Schaffung von Lebensbedingungen bemühen, die eine Herausformung souveräner und authentischer Persönlichkeiten ermöglichen. Die Beseitigung oder Überwindung von Zwängen, Abhängigkeiten und Vorschriften wäre die Voraussetzung dafür, dass Menschen die Fähigkeit erlangen, sich anstatt gegen etwas für etwas entscheiden zu können. Es geht also darum, nicht von etwas, sondern für etwas frei zu werden, d. h. aus dieser Freiheit heraus Verantwortung zu übernehmen.

In Wirklichkeit existiert ja kein Mensch für sich allein. Jeder Mensch ist eingebunden in eine Welt, die er braucht, um zu überleben. Und jeder Mensch ist oder war zumindest am Anfang seines Lebens auf untrennbar enge Weise mit anderen Menschen verbunden. Sonst hätte er nicht überleben können. Deshalb lässt sich die Frage, wie frei wir sind, gar nicht beantworten, wenn wir unbeantwortet lassen, wie verbunden wir sind. Es gibt keine Freiheit ohne Verbundenheit. Aber Verbundenheit ist nicht Abhängigkeit. Wir Menschen sind in der Lage, unsere Beziehungen zu anderen Menschen, ja sogar zu Tieren und Pflanzen so zu gestalten, dass wir uns mit ihnen verbunden fühlen, ohne von ihnen abhängig zu sein. Aber dazu müssten wir uns um diese anderen kümmern oder zumindest bereit sein, all das, was wir haben, mit ihnen zu teilen. Unsere Nahrung, unseren Lebensraum, unsere Aufmerksamkeit, unsere Kraft, unser Wissen, unser Können, unsere Erfahrungen. Wenn wir dazu in der Lage wären, wären wir gleichzeitig verbunden und frei.

Wir könnten bewusster und umsichtiger sein

Bewusste Abwägungen und Willensentscheidungen, auch bewusste Wahrnehmungen, Unterscheidungen, ja selbst das bewusste Erleben der eigenen Identität sind in hohem Maß durch andere Personen beeinflussbar. Das gilt nicht nur für Erwachsene, sondern in noch viel stärkerem Maß für Kinder. Im kindlichen Gehirn werden die für bewusste Zustände aktivierten Metarepräsentanzen nicht nur durch andere Menschen beeinflusst, sondern unter dem Einfluss der im Zusammenleben mit anderen Menschen gemachten Erfahrungen erst herausgeformt. Um diese komplexen Vernetzungen herauszubilden, braucht jeder Mensch eine bestimmte Sequenz und Qualität von Erfahrungen. Diese Erfahrungen kann er aber nur dann machen, wenn ihm bereits als Kind von Anfang an Gelegenheit geboten wird, mit den Objekten seiner Lebenswelt – und das sind in erster Linie höchst lebendige Subjekte in Form von Eltern, Geschwistern, von Mitgliedern der eigenen Sippe, der dörflichen oder städtischen Gemeinschaft und letztlich des Kulturkreises, in den ein Kind hineinwächst – in Beziehung zu treten, sich auszutauschen, sich an andere Personen anzuschließen oder sich von ihnen abzugrenzen, Wissen, Fähigkeiten und Fertigkeiten von anderen zu übernehmen und dabei immer wieder neue, eigene Erfahrungen zu machen. Nur so kann sich ein Kind seiner selbst bewusst werden, sich als eine eigenständige Person mit eigenen Fähigkeiten, Vorstellungen und Gefühlen mit eigenen Wünschen und Bedürfnissen erkennen. So wird nun auch verständlich, weshalb der Grad an Bewusstheit oder die Bewusstseinsstufe, die ein Kind entwickeln kann, von dem Bewusstseinsstand abhängig ist, der in der Welt der Erwachsenen herrscht, in die es hineinwächst.

Aus dieser Perspektive betrachtet, erweist sich also die Fähigkeit von Menschen, bewusst zu handeln, sich ihrer selbst bewusst zu werden, ihr Bewusstsein zu schärfen und zu erweitern, als eine Kulturleistung. Der Ort, an dem das Bewusstsein entsteht, wäre dann freilich nicht im Hirn, sondern in der soziokulturellen Struktur einer menschlichen Gemeinschaft zu suchen. Bewusstsein wäre dann auch nicht eine Fähigkeit, die automatisch entsteht, weiter wächst und sich vom anfänglichen mythischen Bewusstsein über das personale Ich-Bewusstsein bis hin zum transpersonalen oder transzendentalen Bewusstsein entwickelt. Es könnte ebenso gut – wenn die transgenerationale Weitergabe von Erfahrungen in einem bestimmten Kulturkreis behindert oder gestört wird – wieder von bereits erreichten höheren Stufen auf die niederen zurückfallen.

In gewisser Weise lässt sich die Fähigkeit, Bewusstsein zu entwickeln, mit der Sprachentwicklung vergleichen. Zwar bilden sich bei jedem Kind, das in einer menschlichen Gemeinschaft aufwächst, in der Menschen gelernt haben, sich verbal zu verständigen, die von den Hirnforschern lokalisierbaren Sprachzentren aus. Aber die Fähigkeit zu sprechen und Gesprochenes zu verstehen, verdanken wir weniger der Tatsache, dass es in unserem Gehirn ein von den Hirnforschern lokalisierbares und analysierbares Broca-Areal oder ein Wernicke-Zentrum gibt, sondern vielmehr dem Umstand, dass Eltern normalerweise mit ihren Kindern sprechen. Je nachdem, wie viel und wie komplex dieser verbale Austausch ist, werden auch die betreffenden Hirnregionen mehr oder weniger komplex herausgeformt. Die Feststellung, dass die durchschnittliche Dauer verbaler Kommunikation zwischen Eltern und ihren Kindern in unserem Land inzwischen auf weniger als 10 Minuten pro Tag gesunken ist, kann für die Ausformungen dieser Hirnregionen so wenig folgenlos geblieben sein wie die Armseligkeit dessen, was in diesen durchschnittlich 10 Minuten verbal ausgetauscht wird, folgenlos für die Herausbildung derjenigen Strukturen im Gehirn dieser nachwachsenden Generation bleiben wird, in denen das Bewusstsein strukturell verankert wird.

Aus rein biologischer Sicht wäre es allerdings auch keine allzu bedenkliche Entwicklung, wenn den Menschen die Fähigkeit, sich ihrer selbst bewusst zu werden, ihre Handlungen bewusst zu planen und sich der Folgen ihrer Handlungen bewusst zu werden, allmählich (noch stärker) abhanden käme. Als biologischer Organismus muss ein Mensch nur das wahrnehmen und auf das reagieren, was für sein Überleben und gegebenenfalls auch für seine Reproduktion bedeutsam ist. Und was davon muss er sich bewusst machen? Nichts! Denn zum nackten Überleben und zur bloßen Fortpflanzung braucht ein Organismus kein Bewusstsein. Beides funktioniert nicht nur bei uns von allein – also gänzlich unbewusst –, sondern auch bei allen Tieren bis hinunter zu den Einzellern. Letztere benötigen dazu noch nicht einmal ein Nervensystem, die Schwämme und Medusen können das auch ohne Gehirn, und die Tiere ohne das, was wir Bewusstsein nennen. Auch beim Menschen wird alles, was im Organismus geschieht und was entweder der Lebenserhaltung oder der Reproduktion direkt dient, unbewusst gesteuert. Bewusstsein, so scheint es, ist ein Luxus, den sich nur ein menschliches Gehirn leisten kann. Für alles, was der Sicherung des eigenen Überlebens und der Reproduktion dient (und womit das Hirn tagein tagaus beschäftigt ist), braucht es kein Mensch.

Vielleicht bedeutet Menschsein aber auch mehr, als nur lebendig und fortpflanzungsfähig zu sein. Wenn man das in Betracht zieht, wäre Bewusstsein, also auch die Bewusstwerdung eigener Handlungsantriebe, Bedürfnisse und Wünsche durchaus etwas Sinnvolles. Das geht dann allerdings weit über die Biologie hinaus.

Die Fähigkeit, sich das, was man erlebt, auch bewusst zu machen, scheint also eine Leistung zu sein, die sich erst im Lauf sowohl der phylogenetischen wie auch der ontogenetischen Entwicklung des Menschen allmählich herausbildet. Es ist eine Fähigkeit, die das Gehirn erst dann entwickeln kann, wenn in den assoziativen Arealen bereits ein einigermaßen tragfähiges Fundament an Wissen und Erfahrungen verankert werden konnte und wenn sich die betreffende Person damit in der Welt einigermaßen angstfrei zu bewegen gelernt hat (dazu darf sich diese Welt aber auch nicht allzu schnell verändern). Bewusstsein wäre dann die wiederholt von einem Menschen gemachte und als innere Überzeugung verankerte Erfahrung, dass er in der Lage ist, seine Wahrnehmungen und Gedanken aus eigener Kraft und eigenem Antrieb so zu ordnen, dass sie in die Welt und zu der Welt, auch der Vorstellungswelt passen, in der er lebt. Da die Welt, in der Menschen leben, Erfahrungen machen und Wissen erwerben, in erster Linie und von Anbeginn eine Welt sozialer Beziehungen ist, ist davon auszugehen, dass es ohne Sozialisation kein Bewusstsein gibt, dass also unser Bewusstsein (wie auch unser hochentwickeltes Gehirn überhaupt) ein soziales Produkt ist. Deshalb ist Bewusstsein wohl auch etwas, was nur Menschen herausbilden können. Dazu müssen diese Menschen aber innerhalb einer menschlichen Gemeinschaft aufwachsen, die ihnen die Möglichkeit bietet, sich als Urheber ihrer individuellen Vorstellungen und Handlungen zu verstehen.

Damit sind wir bei der Frage angekommen, was den Menschen eigentlich zum Menschen macht. Und das ist wohl die spannendste Frage, die heute überhaupt gestellt werden kann und die wohl auch irgendwann beantwortet werden muss. Denn davon, wie diese Frage beantwortet wird, hängt schließlich der künftige Entwicklungsweg ab, den Menschen einschlagen, jeder für sich allein und wir alle gemeinsam. Der Verhaltensbiologe und Nobelpreisträger Konrad Lorenz hat uns unsere gegenwärtige Stellung in der Natur so drastisch wie bisher kaum ein anderer vor Augen geführt: »Der Übergang vom Affen zum Menschen, das sind wir.« Bis zum Affen und ein wenig darüber hinaus ging es auch ohne Bewusstsein. Aber für den Rest des Weges bedarf es offenbar einer bewussten Entscheidung in Form einer Kulturleistung.

Statt Ressourcenausnutzer zu bleiben, könnten wir auch Potentialentfalter werden

»Das Heil der Welt liegt nicht in anderen Maßnahmen, sondern in einer anderen Gesinnung.« So formulierte es Albert Schweitzer. »Die Probleme dieser Welt lassen sich nicht mit den gleichen Denkweisen lösen, die sie erzeugt haben« ist der gleiche Hinweis, den uns der andere Albert, Albert Einstein, mit anderen Worten mit auf den Weg gegeben hat. Was aber ist das für eine Denkweise und Gesinnung, oder, etwas moderner ausgedrückt, was sind das für innere Einstellungen, Haltungen und Überzeugungen, mit denen wir unsere gegenwärtigen Probleme und das Unheil dieser Welt erzeugt haben? Wo kommen sie her? Wer hat sie uns in unser Gehirn gepflanzt? Und weshalb fällt es uns so schwer, sie zu beschreiben und sie uns bewusst zu machen? Wie sollen wir sie verändern, wenn wir sie gar nicht erkennen?

Wenn beispielsweise jemand selbst von einem Hund angefallen worden ist oder gesehen hat, wie ein Hund jemanden angreift, oder von einer emotional nahestehenden Person erfährt, dass so etwas passiert ist, und ihn dieses Ereignis emotional aufgewühlt hat, der mag dann anschließend sehr wahrscheinlich Hunde nicht mehr. Er wird einen Bogen um sie machen und nun auch andere, die ihm wichtig sind, vor der Unberechenbarkeit von Hunden warnen. Das alles ist Ausdruck einer Haltung. Die hat der betreffende Mensch aber nicht von Anfang an gehabt, sie ist erst durch diese Erfahrungen entstanden. Und diese Haltung bestimmt fortan, jedenfalls solange nichts passiert, was diesen Erfahrungen widerspricht, das Denken, Fühlen und Handeln dieses betreffenden Menschen in Bezug auf Hunde. Eine Bezeichnung für diese Haltung haben wir nicht, weil wir ja nur das bezeichnen können, was wir als

Ausdruck dieser Haltung erkennen, also beispielsweise das ablehnende, ängstliche, vorsichtige Verhalten. Und wenn alle Menschen in einer bestimmten Gegend schlechte Erfahrungen mit bissigen Hunden machen, dann entwickeln sie alle diese ablehnende Haltung gegenüber Hunden. Woanders könnten die Menschen bisher aber auch vorwiegend gute Erfahrungen mit Hunden gemacht haben. Die hätten dann eine andere, eine positive Haltung zu ihnen.

So weit, so gut, aber was könnte denn nun die Haltung, Denkweise oder Gesinnung sein, mit der wir in unserer westlichen Welt unterwegs sind und die unser Denken, Fühlen und Handeln so lenkt, dass wir damit so viele Probleme und so viel Unheil anrichten? Was könnten die vorherrschenden Erfahrungen sein, die wir hier offenbar schon seit Generationen gemacht und die zur Verankerung dieser Haltungen in unseren Gehirnen geführt haben? Und was für andere Erfahrungen müssten wir jetzt machen können, damit sich diese einmal entstandenen, ungünstigen Haltungen, diese alte Denkweise oder Gesinnung ändert und wir uns künftig anders verhalten als bisher, wie uns das die beiden Alberts ja ans Herz gelegt haben?

Wenn wir unsere eigene Geschichte betrachten, so lässt sich kaum übersehen, dass die Menschen in unserem westlichen Kulturkreis bisher überaus erfolgreich dabei waren, sich all das zu verschaffen und zu nutzen, was es auf dieser Erde an natürlichen Ressourcen gab: Nicht nur durch Raub und Plünderung. Auch durch die Entwicklung von Wissenschaft und Technik, durch Entdeckungen und Erfindungen. Begonnen hat das Ganze wahrscheinlich mit dem Einzäunen und der Zucht von bis dahin freilebenden Tieren. Und dann musste dieser Besitz verteidigt werden, und alle, die ihn bedrohten, wurden zu Feinden. Inzwischen haben wir uns nun so ziemlich alles angeeignet oder eingezäunt, was unser Planet zu bieten hatte und was wir irgendwie, meist zur Mehrung unseres Besitzstandes, gebrauchen konnten: Ländereien, Bodenschätze, Tiere und Pflanzen, Flüsse, Seen und Meere. Aber auch das Wissen und die Erfahrungen anderer, von uns vereinnahmter Kulturen, waren für uns wertvolle Ressourcen. Wir haben andere überfallen und versklavt, ausgeraubt, als Arbeitskräfte für uns rekrutiert, sie ausgebeutet und ausgenutzt. Manchmal gab es Schwierigkeiten, aber bisher ist es uns doch irgendwie immer gelungen, das zu bekommen, was wir haben wollten. Sogar als Schnäppchenjäger sind wir heute noch erfolgreich und mit viel Begeisterung unterwegs. Und unsere Kinder schicken wir noch immer mit der gleichen Begeisterung auf den gleichen Weg.

Wer immer wieder und über einen so langen Zeitraum als Ressourcenausnutzer erfolgreich unterwegs ist, macht über Generationen hinweg dann auch immer wieder die gleichen Erfahrungen, nämlich dass es so geht, dass es so sogar sehr gut geht, dass es keinen Grund gibt, darüber nachzudenken, ob es auch anders gehen könnte. Man nimmt sich, was man kriegen kann, und wer am schnellsten, am rücksichtslosten, am zielstrebigsten bei der Verfolgung seiner Interessen ist, gewinnt das Rennen. Wer in diesem Wettlauf nicht mithalten will oder kann, hat selbst Schuld. »We are the champions!«, und das bleiben wir auch, koste es, was es wolle. Das ist die vorherrschende Erfahrung, die die meisten Menschen in unserem Kulturkreis über viele Generationen hinweg gemacht haben. Daraus ist in jeder Generation immer wieder die gleiche Geisteshaltung, die gleiche Gesinnung im Frontalhirn herausgeformt und stabilisiert worden. Eben die Haltung eines Ressourcenausnutzers. Und weil das ja nicht nur in den Köpfen Einzelner geschah und weil diese Haltungen nicht nur das Denken, Fühlen und Handeln bestimmen, sondern auch die Beziehungen der Menschen untereinander, ist daraus eine Kultur geworden, eine Ressourcenausnutzerkultur. Und mit der haben wir nun ein Problem, denn man kann auf einem Planeten mit begrenzten Ressourcen nicht für alle Ewigkeit als Ressourcenausnutzer unterwegs sein. Das funktioniert umso weniger, je größer die Zahl derjenigen wird, die unser Erfolgsmodell übernommen haben und nun auch gern etwas von den noch vorhandenen Resten abbekämen.

Der Club of Rome hat das Dilemma, auf das wir uns zubewegen, »Grenzen des Wachstums« genannt. Man kann nicht immer weiter wachsen, wenn der Raum, in den hinein man sich ausbreitet, immer enger wird und wenn die für dieses Wachstum erforderlichen Substrate immer schlechter in ausreichender Menge und zur rechten Zeit verfügbar sind. Wir haben das noch nicht so recht verstanden, aber Heuschrecken, Lemminge und Feldmäuse kennen dieses Problem schon länger als wir. Solange alles passt, wächst ihre Population exponentiell, aber diese ungeheure Vermehrungsrate findet ihr rasches Ende, wenn es nicht mehr genug zu fressen gibt, es zu eng, zu stressig und deshalb zu ungesund wird, der Sex nicht mehr funktioniert und die Nachkommenschaft ausbleibt.

Von außen und vordergründig betrachtet, handelt es sich bei diesen Zyklen von Wachstum und Zusammenbruch um eine gigantische Ressourcenverschwendung. Erst wird alles kahl gefressen, und anschließend liegen massenhaft verwesende Leichname herum. Von innen und hintergründig betrachtet, offenbart sich hier ein geniales Entwicklungsprinzip, das die asiatischen Philosophen in das Bild der sich in den Schwanz beißenden Schlange gefasst haben: natürliche Zyklen von Wachstum und Schrumpfung laufen so lange immer wieder im Kreis ab, bis eine Lösung für dieses Dilemma gefunden wird.

Diese Lösung besteht allerdings nur vordergründig in der Weiterentwicklung des bisher bereits Entstandenen und Erreichten durch die »Erfindung« noch effizienterer Strategien zur noch besseren Ausnutzung der jeweils noch verfügbaren Ressourcen. Wie diese Strategien funktionieren, hat Charles

Darwin in seiner Abstammungslehre herausgearbeitet, und diese Vorstellung ist dann auch in der westlichen Welt zur allgemeinen und einzigen Evolutionstheorie des Lebendigen erklärt und zur Grundlage unserer wirtschaftlichen und sozialen Entwicklung gemacht worden. Was diese Strategie aber tatsächlich hervorbringt, ist lediglich eine fortschreitende Differenzierung und Spezialisierung des jeweils bereits Vorhandenen, ist die fortschreitende Aufspaltung der Lebensbäume und die Erschließung neuer Ressourcen durch Besiedelung noch vorhandener ökologischer Nischen. Auf diese Weise werden die Zyklen von Wachstum und Schrumpfung möglicherweise verlangsamt, es können auch relativ stabile Gleichgewichte gefunden und vorübergehend kann so auch eine gewisse Kontrollierbarkeit dieser Zyklen erreicht werden. Aber diese Strategie der ewigen Verbesserung, der fortschreitenden Anpassung, der immer weitergehenden Spezialisierung und des sich ständig verschärfenden Wettbewerbs um begrenzte Ressourcen führt nicht zu einer wirklichen Weiterentwicklung im Sinne einer Transformation des Bestehenden. Sie ist nur die Fortsetzung des Alten mit besser angepassten Mitteln und Werkzeugen. Deshalb führt diese Strategie auch nicht aus dem ewigen Kreislauf von Wachstum und Schrumpfung heraus.

Was dieser ständige Kreislauf von Wachsen und Vergehen allerdings im Hintergrund, gewissermaßen als »Nebenprodukt« hervorbringt, ist eine Unmenge an »Erfindungen« und »Innovationen«. Das gilt nicht nur für wissenschaftlich-technische Errungenschaften von uns Menschen. Auch schon auf der Ebene des genetischen Materials entstanden solche Neuerungen seit jeher mehr oder weniger zufällig durch Mutation und Rekombination. Sie werden in Form veränderter DNA-Sequenzen, also neuer Muster, als neue »innere Bilder« für bestimmte Leistungen im Genom verankert und an nachfolgende Generationen weitergegeben. Nur sehr wenige dieser neuen

Sequenzen sind tatsächlich sofort für die Generierung von Eigenschaften oder Leistungen nutzbar, die der betreffenden Lebensform einen »Wettbewerbsvorteil« verschaffen. Der Rest, also die überwiegende Menge dieser »Neuerungen« wird als »junk-DNA« in Form einer in den Augen der Molekularbiologen gigantischen und vor allem nutzlosen Müllhalde aufbewahrt und weitergegeben. Hierbei handelt es sich also nicht um Ressourcen, die diese Lebensformen nutzen, sondern um ein Potential, das sie in sich anlegen. Ein Spektrum von Möglichkeiten, das sie als neuartige DNA-Sequenzen in sich tragen, von Sequenzen, die nicht exprimiert werden, die aber genutzt werden können, wenn Bedingungen entstehen, die eine Entfaltung dieser verborgenen Potentiale ermöglichen. Davon hat Darwin leider noch nichts gewusst, und damit wissen seine modernen Nachfolger gegenwärtig leider auch nur wenig anzufangen. Die Vorstellung, dass es im Verlauf des Evolutionsprozesses um die Herausbildung von Potentialen und nicht um die Ausprägung von Merkmalen geht, passt einfach nicht in das Weltbild einer auf Ressourcennutzung fokussierten, von Wettbewerb und Sektion geprägten Kultur. Wer glaubt, um sein Überleben oder um seine Daseinsberechtigung kämpfen zu müssen, kann sich nicht um seine Potentialentfaltung kümmern, geschweige denn um die von anderen Menschen.

In unserem Kulturkreis ist das Anheizen von Wettbewerb, das Erzeugen von Leistungsdruck, von Angst und Stress eine beliebte und immer wieder eingesetzte Strategie, um letzte Ressourcen zu mobilisieren und schwierige Situationen zu überstehen. Die damit zu erreichenden Erfolge sind allerdings immer nur kurzfristig und stoßen auch schnell an Grenzen. Dann lässt sich durch noch mehr Druck einfach nicht noch mehr Leistung erzeugen. Menschen sind eben keine Maschinen. Beide gehen zwar kaputt, wenn sie überlastet werden, aber Menschen haben die Möglichkeit, vorher auszusteigen.

Innere Kündigung heißt diese immer häufiger in Schulen und am Arbeitsplatz gefundene Lösung. Eine günstige Lösung ist das nicht, weder für die Antreiber noch für die Opfer. Aus neurobiologischer Sicht haben wir unser komplexes und zeitlebens lernfähiges Gehirn ja nicht entwickelt, um uns zu optimal angepassten Sklaven der von uns selbst geschaffenen Verhältnisse zu machen, sondern um unsere Lebensbedingungen so zu gestalten, dass es uns möglich wird, die in uns angelegten Potentiale zu entfalten. Denn ebenso, wie wir genetische Anlagen besitzen, die mehr Möglichkeiten bieten, als tatsächlich genutzt werden, kommen wir mit einem Gehirn zur Welt, aus dem etwas viel Komplexeres und Vernetzteres werden könnte als das, was im Verlauf unserer Entwicklung zu einem Erwachsenen gegenwärtig in unserer Ressourcenausnutzungskultur davon übrigbleibt.

Wer damit zufrieden ist, kann versuchen, so weiterzumachen wie bisher. Allerdings müsste er in Zukunft bei der Erschließung, Nutzung und Aneignung der noch vorhandenen Ressourcen auf dieser Erde angesichts der vielen anderen, die genauso unterwegs sind, immer effizienter werden. Er müsste noch mehr auf kurzfristige Erfolge statt auf langfristige Lösungen setzen, noch mehr Druck machen und Leistung einfordern, noch mehr kontrollieren, sich noch rücksichtsloser über die Interessen anderer hinwegsetzen und seine eigenen Gefühle, Bedürfnisse und Sehnsüchte noch besser abspalten bzw. unterdrücken. Mit einem Satz: Er muss nicht nur alles um sich herum, andere Menschen, seine Mitarbeiter, sogar seine Familie und nicht zuletzt sich selbst als Ressource behandeln, nutzen und ausnutzen. Mit dieser Strategie kann er dann, wie auch alle anderen, die er bewundert, sehr erfolgreich sein, damit macht er also gute Erfahrungen und die werden in seinem Frontallappen verankert und zu einer Haltung verdichtet. Diese Haltung lenkt nun künftig sein Denken, Fühlen und Handeln.

Das tut ihm nicht gut und auch nicht allen anderen, denen er mit dieser Haltung begegnet und die er zur Durchsetzung seiner Ziele benutzt. Er selbst und alle anderen bezahlen dafür einen hohen Preis.

Aber auch das Gehirn eines solchen begeisterten Ressourcennutzers ist veränderbar. Wenn diese inneren Einstellungen und Haltungen, also diese Geisteshaltung oder Denkweise durch bestimmte Erfahrungen entstanden sind, die ein solcher Mensch bisher gemacht hatte, dann würden sich die für diese Haltungen verantwortlichen Netzwerke in seinem Frontalhirn recht schnell verändern, wenn es ihm möglich wäre, mit großer Begeisterung eine neue, eine andere Erfahrung zu machen. Zum Beispiel, dass es günstiger ist, langfristig zu denken und nachhaltige Lösungen zu suchen, dass das vielleicht auch gemeinsam besser gelingt als allein, dass mehr dabei herauskommt, wenn man andere einlädt, ermutigt und inspiriert, statt sie antreiben und kontrollieren zu müssen, dass das Leben mehr Freude macht, wenn man für sich selbst und für andere zu einem Potentialentfalter wird. Ein solcher Mensch wäre dann jemand, der selbst wieder zu einem Wegbereiter für den schwierigen Übergang von unserer bisherigen Ressourcenausnutzungskultur zu einer Potentialentfaltungskultur wird. Erstere kann man von oben lenken, Letztere entsteht von unten, in den Köpfen der Menschen, wenn sie eingeladen, ermutigt und inspiriert werden, sich endlich wieder als Entdecker und Gestalter ihrer eigenen Lebenswelt auf den Weg zu machen.

Potentialentfaltung im individuellen Lebenslauf

Eine Schnecke kann vorausschauend nur so weit denken, wie sie ihre Fühler herauszustrecken in der Lage ist. Mit deren Hilfe merkt sie, was auf sie zukommt oder auf was sie sich zubewegt.

Dann kann sie entweder ausweichen, sich zurückziehen oder weiterkriechen. Wir sind schneller unterwegs als die Schnecken. Möglich ist das deshalb, weil wir Sinnesorgane haben, mit denen wir auch das schon riechen, hören und sehen können, was noch recht weit weg ist. Und wir können uns auch mehr merken und aus Fehlern, die wir in der Vergangenheit gemacht haben, lernen, wie sich ähnliche Dummheiten in Zukunft vermeiden lassen. Wir versuchen auch, die von uns bisher gemachten Erfahrungen an unsere Nachkommen weiterzugeben, in der Hoffnung, dass sie es in Zukunft besser machen als wir. Aber vorhersagen, wie sie und wofür sie all das nutzen werden, was wir ihnen hinterlassen, das können wir nicht. Was Menschen in Zukunft wichtig finden, ist einfach nicht vorhersagbar.

Das liegt daran, dass wir mit unserem Gehirn etwas können, wozu keine Schnecke und auch kein anderes Tier jemals imstande sein wird. Wir Menschen können uns für etwas interessieren, uns für etwas begeistern und etwas für sehr wichtig halten, was weder für unser Überleben noch für unsere Reproduktion irgendwie bedeutsam ist. Musizieren beispielsweise oder Golf spielen oder Schmetterlinge sammeln oder in die Oper gehen ... unendlich lang ist die Liste all dessen, was sich Menschen alles ausdenken und dann oftmals ein ganzes Leben lang beharrlich verfolgen. Und das tun sie dann ja auch noch ganz freiwillig. Manchmal begeistern sich Menschen sogar so sehr für irgendetwas, dass sie dabei alles andere vergessen. Ihren eigenen Körper sowieso, aber oft auch ihre Kinder, ihre Familien und Freunde, ja sogar den Sex. Und manchmal breitet sich so eine Begeisterung für irgendetwas innerhalb einer Gesellschaft so schnell aus, dass man später, wenn man sich das mit etwas mehr Abstand noch einmal anschaut, den Eindruck gewinnt, es habe sich hierbei um eine ansteckende Krankheit gehandelt. Der Goldrausch muss so etwas gewesen sein. Aber irgendwann ist das Gold ja weitgehend ausgebuddelt, und dann kommen die Menschen wieder zur Besinnung. Doch wenn der Rausch ganz allmählich um sich greift und wenn das, wofür sich Menschen begeistern, auch noch etwas ist, was sie gebrauchen können, dann dauert es oftmals sehr lang, bis sie wieder zur Besinnung kommen. Manchmal so spät, dass man nur noch mit großer Mühe die Kurve kriegt.

Den Schnecken kann so etwas nicht passieren, jedenfalls nicht, solange sie noch in der Lage sind, ihre Fühler herauszustrecken, um zu erspüren, was auf sie zukommt. Und dafür, diese wichtigen Fühler freiwillig einzuziehen, lassen sich Schnecken eben nicht begeistern.

Insofern könnten wir uns die Schnecken zum Vorbild nehmen und in Zukunft sorgfältiger darauf achten, was in uns, mit uns und um uns herum geschieht. Dann könnten wir in Zukunft vielleicht auch schneller erkennen, wer uns mit welcher Absicht für was zu begeistern versucht, wie sehr andere versuchen, unsere Aufmerksamkeit einzufangen, und wie leichtfertig und unkritisch wir bestimmte Vorstellungen von anderen übernehmen und uns sogar zu eigen machen, die diese auch nur von anderen Menschen übernommen haben. Viele dieser Vorstellungen sind nicht nur falsch. Viel schlimmer ist, dass sie uns den Blick vernebeln. Und dann sieht man nicht mehr das, was ist, sondern allzu leicht nur noch das, was alle anderen auch so sehen.

Wir könnten unter »Arbeit« etwas anderes verstehen

So ist es uns beispielsweise mit unserer Vorstellung von dem ergangen, womit wir den größten Teil unseres Lebens verbringen. Wir nennen es Arbeit. Aber so, wie wir diesen Begriff heute verstehen, haben Menschen ihn nicht immer verstanden. Schon vor etwa 150 Jahren hat Friedrich Engels einen Aufsatz mit dem Titel »Der Anteil der Arbeit an der Menschwerdung des Affen« geschrieben.

Der Text erschien nur wenige Jahre, nachdem Charles Darwin in seinem Buch »The Origin of Species« die entscheidenden Grundlagen der sogenannten Evolutionstheorie herausgearbeitet und die Entstehung des Menschen als Ergebnis eines natürlichen Selektionsprozesses dargestellt hatte. Dass der Mensch vom Affen abstammen sollte, war zwar ein Affront für das Selbstverständnis der damaligen Zeitgenossen, aber das Selektionsprinzip der natürlichen Auslese, aus dem dann schnell das Schlagwort vom »Kampf ums Dasein« wurde, mit dem sich alle bestehenden Disparitäten des damaligen Gesellschaftssystems »natürlich« und damit »wissenschaftlich« begründen ließen, fand in den gebildeten und damit bessergestellten Schichten der Gesellschaft sehr rasch sehr viele begeisterte Anhänger.

Und wo einmal ein Markt entstanden ist, bestimmt die Nachfrage die Richtung der weiteren Produktentwicklung. Das gilt offenbar leider auch für wissenschaftliche Theorien und die zum Beweis dieser Theorien inaugurierten, durchgeführten und veröffentlichten Experimente. Darwin hatte für die von ihm beschriebene Variabilität körperlicher und psychischer Merkmale, an der die Selektion ansetzte, zunächst noch keine Erklärung. Er führte sie noch auf beides, auf angeborene Anlagen und erworbene Eigenschaften zurück. Erst später wurde die Bedeutung des genetischen Codes, der Mutation und Rekombination von DNA-Sequenzen für die Merkmalsausprägung herausgearbeitet. Seit dieser Zeit hat sich die Vorstellung durchgesetzt, dass das, was jedes Lebewesen, also auch der Mensch ist und kann, im Wesentlichen durch seine genetischen Anlagen festgelegt wird. Auf der Grundlage dieser »wissenschaftlichen Erkenntnis« verbreiteten sich sehr rasch höchst fragwürdige Vorstellungen über bessere und schlechtere Rassen, gefolgt von entsprechenden Versuchen, der natürlichen

Selektion bei der Auslese »minderwertiger Erbträger« in Auschwitz und anderswo zu Hilfe zu kommen. Genetische Theorien dienten auch zur Diskriminierung des weiblichen Geschlechts und zur Sicherung des patriarchialen Herrschaftsanspruches. Und schließlich bilden diese Vorstellungen der genetischen Determiniertheit des Menschen bis heute die Grundlage für die »Differenzierung« von Kindern in höher und weniger Begabte und für die Rechtfertigung der Aufrechterhaltung eines dreigliedrigen Schulsystems in unserem Kulturkreis.

In diesem Malstrom opportuner genetisch-deterministischer Vorstellungen blieb für Engels' Überlegungen über den Anteil der Arbeit an der Menschwerdung des Affen im letzten Jahrhundert nur wenig Raum für weitere Entfaltung. Doch der Grundsatz »die Revolution frisst ihre Kinder« gilt offenbar auch für die stringente Verfolgung »wissenschaftlicher« Denkmuster: So kam es, wie es kommen musste: Das am Ende und als Höhepunkt des genetischen Determinismus zu Beginn des 21. Jahrhunderts abgeschlossene »Human Genome Project« erwies sich als Flop.

Die Ergebnisse waren ernüchternd: Das menschliche Genom enthält nicht viel mehr Gene als das der Würmer. 99,5 % unseres Erbgutes sind identisch mit dem unserer nächsten äffischen Verwandten, und seit es unsere Spezies gibt, also seit etwa 100 000 Jahren, hat sich an unserem Erbgut nichts mehr verändert. Das, was wir heute sind, was in den letzten 100 000 Jahren aus uns geworden ist, hat also nichts mit unseren genetischen Anlagen zu tun. Es ist vielmehr Ausdruck des Umstandes, dass es in diesem langen Zeitraum unseren Vorfahren von Generation zu Generation gelungen ist, diese genetischen Potentiale so zu entfalten, also dieses Potential so zu nutzen, dass schließlich das aus uns werden konnte, was wir heute sind: aufrecht gehende, der Sprache mächtige, des Lesens, Schreibens, Rechnens kundige, die Welt entdeckende und unsere Lebenswelt gestaltende, sogar in einem gewissen Maße einsichtsfähige, aus Fehlern lernende und selbstreflexive, mit einem Ich-Bewusstsein ausgestattete Nachfahren derjenigen, die sich damals, vor etwa 100 000 Jahren, mit diesem nur geringfügig von dem der Affen unterschiedenen genetischen Potential auf den Weg einer kulturellen Evolution gemacht hatten.

Was wir heute an uns selbst bestaunen, worauf wir stolz oder worüber wir nach wie vor besorgt sind, ist also das Resultat einer bemerkenswerten Kulturleistung, nicht aber irgendwelcher biologischer oder gar genetischer Gegebenheiten.

So wird auch erst jetzt, angesichts dieser Erkenntnis, die Frage wieder interessant, mit der sich Friedrich Engels damals, vor 150 Jahren bereits befasst hatte: Wie war das möglich? Was hat uns nun wirklich zu dem gemacht, was wir heute sind – und in die Zukunft weitergedacht: Was brauchen wir, damit uns all das nicht wieder verloren geht, damit wir auch in Zukunft weiter unsere Potentiale entfalten können? Engels nannte es »Arbeit«, und ihm war klar, dass der »Wirkort« dieser »Arbeit« im menschlichen Gehirn, in der psychoemotionalen Entwicklung des Menschen zu suchen ist. Er verstand freilich unter dem Begriff »Arbeit« noch etwas anderes als das, was die Mehrzahl der Menschen in unserem Kulturkreis seit dem Beginn der Industrialisierung darunter zu verstehen sich verständigt hatte: Lohnarbeit, die Lieferung physischer oder psychischer Leistungen gegen ein Entgelt, das wiederum dazu benutzt wird, den eigenen Lebensunterhalt und ggf. auch noch den der eigenen Nachkommen und damit sowohl den Erhalt wie auch die Reproduktion der Ware »Arbeitskraft« zu sichern.

Aus heutiger neurobiologischer Sicht stellt sich angesichts dieser Entwicklung die Frage, ob diese Art von »Arbeit« dazu beitragen kann, nicht nur den bisher erreichten Stand der kulturellen Entwicklung des Menschen zu sichern, sondern auch die Voraussetzungen für eine weitere Entfaltung der in uns Menschen angelegten geistigen Potentiale zu bieten. Die

Antwort lautet »nein«, denn das menschliche Gehirn ist nicht für die Durchführung bezahlter Dienstleistungen, sondern für das Lösen von Problemen optimiert, die das Leben jedes Einzelnen in einer menschlichen Gemeinschaft bereithält und immer wieder neu schafft. Jede körperliche oder geistige Anstrengung, zu der ein Mensch sich aufrafft, um eine Bedrohung abzuwenden oder eine Herausforderung zu meistern, neues Wissen zu erwerben und neue Fähigkeiten zu entwickeln, ist also »Arbeit« in einem nicht entfremdeten, dem Menschen gemäßen Sinn.

Erst diese »hirngerechte« oder besser »Sinn stiftende« Definition dessen, was »Arbeit« ist, macht deutlich, was Friedrich Engels schon vor 150 Jahren in seinem Aufsatz zum Ausdruck gebracht hat: Alles, was Menschen beschäftigt, was sie nach neuen Lösungen suchen oder vielleicht auch nur erneut in alte Muster flüchten lässt, was sie im weitesten Sinn »bewegt« und »anregt«, ist Arbeit.

Und das Ergebnis dieser »Arbeit« ist auch nicht das Produkt, das dabei als äußeres »Werk« entsteht, das Ergebnis dieser »Arbeit« ist die eigene Weiterentwicklung, die weitere Vervollkommnung, die Entfaltung von bis dahin nicht sichtbarer oder noch nicht entwickelter Potentiale bei dem, der »arbeitet«.

Angesichts dieser schon von Engels beschriebenen und nun auch durch die Erkenntnisse der Hirnforschung aus den letzteren Jahrzehnten endlich bestätigten Bedeutung der Arbeit für die Menschwerdung des Affen darf nun auch die Frage neu gestellt werden, ob es bestimmte Gruppen von Menschen gibt, die in diesem Sinne mehr und intensiver arbeiten als andere, und ob es »Arbeiten« gibt, die für die eigene Entwicklung, Potentialentfaltung und Vervollkommnung geeigneter und damit wichtiger sind als andere. Weil das menschliche Gehirn ein so plastisches, in seiner Strukturierung so maßgeblich durch eigene Erfahrungen bei der Lösung von Problemen und der Bewältigung von Herausforderungen geprägtes Organ ist, fällt die Antwort leicht: Diejenigen Menschen, die die meisten Probleme dabei haben, sich erst noch in der Welt zurechtzufinden, müssten zwangsläufig auch diejenigen sein, die am härtesten arbeiten. Das sind aber genau diejenigen, denen wir Erwachsene das Arbeiten am wenigsten zutrauen und von denen wir glauben, sie erst noch zu dem, was wir unter Arbeit verstehen, erziehen zu müssen: unsere Kinder.

Und diejenige Tätigkeit, die für diese Schwerstarbeiter besonders geeignet ist und auch besonders gern ausgeführt wird, um ihre Potentiale zu entfalten, sich selbst zu erproben und weiterzuentwickeln, ist nicht die schulische Ausbildung, in die wir sie zur Vorbereitung auf das »Berufsleben« – also auf das, was wir unter »Arbeit« verstehen – schicken. Diese für Kinder so wichtige, hirngerechte und sinnvolle Arbeit findet genau dort statt, wo wir sie am wenigsten vermuten: im Spiel. Dort, im spielerischen Umgang mit den Problemen, die wir Erwachsene unseren Kindern gewollt oder ungewollt bereiten, findet für Kinder die Schule fürs Leben statt. Dort üben sie sich ein, dort schaffen sie sich ihre Übungsplätze, dort machen sie ihre wichtigsten Erfahrungen, dort legen sie die Latte der Herausforderungen immer genau so hoch, dass sie sie auch mit Lust – also mit der durch eine eigene Leistung ausgelösten Begeisterung – zu überspringen imstande sind. Dort, in ihren eigenen, von uns nicht überwachten und kontrollierten Spielen bereiten sie sich auf ihr späteres Leben in unserer Gemeinschaft vor. Dort finden sie immer neue Herausforderungen und Aufgaben, an denen sie wachsen, über sich hinauswachsen können. Und dort, in ihren gemeinsamen Spielen finden sie auch das, was sie ebenso dringend für ihre Weiterentwicklung und die Entfaltung ihrer Potentiale brauchen wie ständig neue, immer größer werdende Herausforderungen. Dort finden sie andere Kinder, mit denen sie sich verbunden, bei denen sie sich geborgen und zugehörig fühlen, mit denen sie Konflikte zu lösen lernen und mit denen sie gemeinsam an Aufgaben arbeiten und Werke schaffen, die größer sind als das, was jeder und jede für sich allein zu bewältigen imstande wäre.

Und wenn wir uns als Erwachsene bisweilen aufregen über das, was Kinder sich in ihren Spielen erarbeiten, wenn wir sie dabei streitend, ballernd, keifend, destruktiv, narzisstisch, desinteressiert, gelangweilt oder hyperaktiv erleben, so vergessen wir dabei allzu leicht, dass sie genau auf diese Weise dabei sind, sich in harter Arbeit eben genau all das anzueignen, was wir ihnen als unsere Lösungen, sich im Leben zurechtzufinden, vorleben.

Das menschliche Gehirn ist eben nicht zum Auswendiglernen von Sachverhalten, sondern für das Lösen von Problemen optimiert. Deshalb brauchen schon Kinder möglichst viele und immer wieder neue Herausforderungen, die es zu meistern gilt, an denen sie als kleine Menschen besonders schnell, wenn sie älter werden etwas langsamer wachsen, über sich hinauswachsen können. Das ist Arbeit. Und je mehr man davon hat, umso besser. Aber zu dieser Arbeit kann man niemanden zwingen. Dazu muss man Kinder ebenso wie Erwachsene einladen, dazu muss man ihnen Räume und Gelegenheiten bieten, sich selbst einzubringen, auszuprobieren, Verantwortung zu übernehmen, den Nutzen von Disziplin und den Genuss des gemeinsamen Gestaltens zu erfahren. Solche gemeinsamen Erfahrungen können Menschen innerhalb einer Gemeinschaft aber nur machen, wenn sie nicht voneinander abgegrenzt und gezwungen werden, in ihren jeweils voneinander getrennten Lebensräumen im eigenen Saft zu schmoren, die Kleinen im Kindergarten, die Größeren in der Schule, die Erwachsenen im Betrieb und die Alten im Seniorenheim. Kein Wunder, dass die aus diesen getrennten Erfahrungen heraus geformten Haltungen von Kindern, Jugendlichen, Erwachsenen und Senioren so unterschiedlich werden, dass sie kaum noch zusammenpassen.

Niemand käme auf die Idee, kleine Kätzchen auf das Mäusefangen vorzubereiten, indem durch Lernprogramme zunächst
das Stillsitzen und Beobachten, später das Zupacken und Festhalten und schließlich das Fressen einer Maus geübt wird. All
das lernen die kleinen Kätzchen von allein, allerdings nur
dann, wenn man sie nicht laufend dabei stört oder ihnen die
zum Erlernen und Einüben dieser Fähigkeiten erforderlichen
Spielräume nimmt. Vor allem aber müssten die Kätzchen Gelegenheit bekommen, einer anderen Katze zuzuschauen, die das
Mäusefangen bereits beherrscht.

Genau so geht es auch allen Säugetieren, die ein Gehirn
besitzen, dessen endgültige, für die Bewältigung der jeweiligen
artspezifischen Leistungen erforderliche innere Struktur erst
während der Kindheit nutzungsabhängig herausgeformt wird.
Menschenkinder müssen sogar fast alles, worauf es in ihrem
späteren Leben ankommt, durch eigene Erfahrungen lernen.
Diese Erfahrungen werden dann in ihrem Hirn in Form bestimmter Verschaltungsmuster fest verankert. Eine neue Erfahrung macht man auch schon als Kind am ehesten dann, wenn
man ein Problem hat und dann plötzlich merkt oder von anderen abschauen kann, wie es sich lösen lässt. So wird Selbstvertrauen und gleichzeitig auch das Vertrauen, also die Achtung
für und die Bindung an andere gefestigt und der Mut zur
Bewältigung neuer, noch etwas schwierigerer Herausforderungen gestärkt. All das gelingt jedoch nur dann, wenn die Probleme nicht zu klein – also langweilig und uninteressant – oder
aber nicht zu groß – also überfordernd und unbewältigbar –
sind. Im ersteren Fall bleibt dem Kind als Erfahrung nur, dass
»nichts Spaß macht«. Allzu rasch verlieren solche Kinder entweder ihre Neugier und ihre Begeisterungsfähigkeit oder sie

wenden sich – wenn sie sich beides nicht nehmen lassen wollen – anderen Dingen zu. Sie »stören« und machen »Blödsinn«. Im zweiten Fall, wenn Probleme, Anforderungen und Erwartungen die Fähigkeiten der Kinder übersteigen, bekommen sie Angst. Diese Angst führt im Gehirn zu einer Reaktionskette, die das Erlernen von Neuem verhindert, bereits Erlerntes destabilisiert und das Kind auf sehr früh entwickelte und daher recht einfache Verhaltensstrategien zurückwirft. Was für ein Kind entweder zu wenig Herausforderung oder übermäßige Belastung bedeutet, kann niemand anderes entscheiden als das Kind selbst, bisweilen vielleicht auch eine sehr einfühlsame, dem Kind sehr nahestehende, mit ihm eng vertraute Bezugsperson. Alle anderen haben einfach keine Ahnung von dem, was in einem Kind angesichts einer bestimmten Situation vorgeht. Allzu leicht erscheint dann das, was diese Menschen von dem Kind erwarten oder ihm abverlangen, dem Kind selbst als entweder zu wenig oder eben zu viel. Das ist das Problem jeder »Frühförderung«, die wie ein Rasenmäher über die individuellen Besonderheiten und bisherigen Erfahrungshorizonte von Kindern hinweggezogen wird. »Das Gras wächst nicht höher, wenn man es immer wieder mäht«, würden die Indianer sagen, wenn sie uns beim Rasenmähen beobachten könnten.

Wenn das Kind selbst die einzige Person ist, die wirklich genau beurteilen kann, welche Aufgaben und Probleme ihm zu einfach und welche ihm zu kompliziert erscheinen, so ergibt sich daraus, dass man die Weiterentwicklung eines Kindes nur fördern kann, indem man einen Raum schafft, in dem es vielfältige interessante Angebote gibt, und das Kind selbst entscheiden lässt, welches dieser Angebote es aufgreifen will. Am besten gelingt das – wie bei den kleinen Kätzchen – im Spiel. Deshalb brauchen Kinder genügend Raum und Zeit zum Spielen. Kinder, denen solche Freiräume geboten werden, lernen alles, was es dort zu lernen gibt.

Wer erreichen möchte, dass Kinder in diesen Freiräumen auch genau die Erfahrungen machen, auf die es im Verlauf ihres weiteren Lebens so besonders ankommt, müsste versuchen, das Interesse des Kindes auf die spielerische Entdeckung und Erprobung eben dieser Fähigkeiten und Fertigkeiten zu lenken. Das einfachste Verfahren, um das zu erreichen, besteht darin, den Funken der eigenen Begeisterung über das, was man selbst für wichtig hält, auf das Kind überspringen zu lassen. Aber das allein reicht noch nicht, denn es gibt noch eine ganze Reihe Fähigkeiten und Fertigkeiten, die Kinder außerdem brauchen, um sich später im Leben zurechtzufinden. Wenn der Funke der Begeisterung der Kinder auch auf diese, ihnen noch fremden Bereiche ausgedehnt werden soll, brauchen diese Kinder Anregungen von solchen Menschen, die über mehr Lebenserfahrung verfügen als sie selbst. Kinder brauchen also erwachsene Vorbilder, an deren Interessen, Fähigkeiten, Kompetenzen und Haltungen sie sich orientieren können. Das müssten Vorbilder sein, die sie schätzen und mögen, die sie achten und die ihnen wichtig sind, mit denen sie sich also emotional verbunden fühlen. Solche Menschen sind die einzigen, die die geistige, seelische und moralische Entwicklung von Kindern – oder hirntechnisch: die Ausformung und Stabilisierung hochkomplexer Verschaltungsmuster im kindlichen Gehirn – wirklich nachhaltig fördern könnten.

Damit es Kindern gelingt, sich im heutigen Wirrwarr von Anforderungen, Angeboten und Erwartungen zurechtzufinden, brauchen sie Orientierungshilfen, also äußere Vorbilder und innere Leitbilder, die ihnen Halt bieten und an denen sie ihre Entscheidungen ausrichten. Nur unter dem einfühlsamen Schutz und der kompetenten Anleitung durch erwachsene »Vorbilder« können Kinder vielfältige Gestaltungsangebote auch kreativ nutzen und dabei ihre eigenen Fähigkeiten und Möglichkeiten erkennen und weiterentwickeln. Nur so kann im

Frontalhirn ein eigenes, inneres Bild von Selbstwirksamkeit stabilisiert und für die Selbstmotivation in allen nachfolgenden Lernprozessen genutzt werden.

Die Herausbildung komplexer Verschaltungen im kindlichen Gehirn kann nicht gelingen, wenn Kinder in einer Welt aufwachsen, in der die Aneignung von Wissen und Bildung keinen Wert besitzt (Spaßgesellschaft), wenn Kinder keine Gelegenheit bekommen, sich aktiv an der Gestaltung der Welt zu beteiligen (passiver Medienkonsum), wenn Kinder keine Freiräume mehr finden, um ihre eigene Kreativität spielerisch zu entdecken (Funktionalisierung), wenn Kinder mit Reizen überflutet, verunsichert und verängstigt werden (Überforderung), wenn Kinder daran gehindert werden, eigene Erfahrungen bei der Bewältigung von Schwierigkeiten und Problemen zu machen (Verwöhnung), wenn Kinder keine Anregungen erfahren und mit ihren spezifischen Bedürfnissen und Wünschen nicht wahrgenommen werden (Vernachlässigung).

Stellen Sie sich vor, es gäbe ein Zaubermittel, das jedes Kind stillsitzen und aufmerksam zuhören lässt, das gleichzeitig seine Phantasie beflügelt und seinen Sprachschatz erweitert, das es darüber hinaus auch noch befähigt, sich in andere Menschen hineinzuversetzen und deren Gefühle zu teilen, das gleichzeitig auch noch sein Vertrauen stärkt und es mit Mut und Zuversicht in die Zukunft schauen lässt. Dieses Superdoping für Kindergehirne gibt es. Es kostet nichts, im Gegenteil, wer es seinen Kindern schenkt, bekommt dafür sogar noch etwas zurück: Nähe, Vertrauen und ein Strahlen in den Augen des Kindes. Dieses unbezahlbare Zaubermittel sind die Märchen, die wir unseren Kindern erzählen oder vorlesen. Märchenstunden sind die höchste Form des Unterrichtens. Das Lernen funktioniert ja bei Kindern (wie bei Erwachsenen) immer dann am besten, wenn es ein bisschen »unter die Haut geht«, wenn also die emotionalen Zentren im Gehirn aktiviert werden und all jene Botenstoffe vermehrt gebildet und freigesetzt werden, die das Knüpfen neuer Verbindungen zwischen den Nervenzellen fördern.

Eine Möglichkeit, einen solch offenen, für das Lernen optimalen Zustand zu erreichen, ist das eben bereits erwähnte Spiel, in dem Kinder sich und die Welt entdecken. Eine andere, bei der Kinder lernen, etwas über die Welt und das Leben zu erfahren, ist die Märchenstunde. Die wirkt am besten, wenn das Märchen von jemandem vorgelesen oder erzählt wird, zu dem das Kind eine enge, vertrauensvolle Beziehung hat. Damit es richtig »im Bauch kitzelt« (die emotionalen Zentren im Gehirn also anspringen, aber nicht gleich überschießen und »Alarm« melden, weil das Kind in Angst und Schrecken versetzt wird), ist die Atmosphäre wichtig. Man kann dazu eine Kerze anzünden oder die Märchenstunde zu einem richtigen Ritual machen. Das hilft Kindern, Ruhe zu finden und sich zu konzentrieren. Dann können auch ziemlich komplizierte Erregungsmuster in ihrem Gehirn aufgebaut und stabilisiert werden. Aber der Inhalt des Märchens muss »passen«. Ein bisschen furchtbar und aufregend darf es schon sein, wenn nur am Ende alles gut wird. Es ist auch nicht gleichgültig, wie ein Märchen erzählt oder vorgelesen wird. Das Kind muss merken, dass der Erzähler oder die Erzählerin selbst ebenfalls begeistert und betroffen, bestürzt oder erschüttert ist. Diese emotionalen Funken können nur überspringen, wenn das Kind immer wieder angeschaut und das jeweilige Gefühl auch zum Ausdruck gebracht wird. Dieser enge Kontakt zum Kind und die Rückversicherung, dass es noch emotional »dabei ist«, lässt sich beim Märchenerzählen besser erreichen als beim Vorlesen. Rekorder oder Videogeräte sind in dieser Hinsicht gänzlich ungeeignet, denn solche Apparate können sich einfach nicht auf die Reaktionen oder Äußerungen des Kindes einstellen. Sie lassen die Kinder mit ihren Gefühlen allein. Das Zaubermittel sind also nicht die Märchen per se, sondern das entscheidende Zaubermittel ist die emotionale Beziehung zum Inhalt und den Personen des Märchens, auf die sich das Kind beim Hören des Märchens mit der einfühlsamen Hilfe des Erzählers oder Vorlesers einlässt. Erst so wird aus dem Märchen Kraftfutter für Kindergehirne.

Aber das ist noch nicht alles, denn im Gehirn derjenigen, die diese Märchen den Kindern erzählen oder vorlesen, passiert ja auch etwas. In seinem oder ihrem Gehirn werden alte Erinnerungen wach, nicht nur Erinnerungen an den genauen Inhalt der Geschichte, sondern vor allem Erinnerungen daran, wie es damals war, als ihm oder ihr als Kind diese Märchen vorgelesen worden sind. Dann wird die Atmosphäre von damals wieder wach, das schöne Gefühl, die Erfahrung der intensiven Begegnung mit einem lieben Menschen. Oft kommen sogar die alten Körpergefühle wieder, das Kuscheln, Schaudern und Kribbeln und der Sessel, das Sofa oder das Bett, in dem einem die Märchen vorgelesen wurden. All das taucht erneut ganz deutlich spürbar aus dem im Hirn abgespeicherten Erfahrungsschatz der frühen Kindheit auf. Weil sie im Allgemeinen solche frühen, emotional positiv bewerteten Erinnerungen wachrufen, machen die alten Märchen auch uns Erwachsene auf eine geheimnisvolle Weise wieder stark. Die innere Unruhe, die Sorgen und Ängste verschwinden. Man fühlte sich dann irgendwie besser, gestärkter und zuversichtlicher, mutiger und befreiter, gleichzeitig gefestigter und verwurzelter. Märchen sind also auch Balsam für die Seelen von Erwachsenen.

Aber das ist noch immer nicht alles. Märchen transportieren nicht nur Geschichten, sondern auch die dazugehörigen Bilder, die in ihnen enthaltenen Botschaften über die Erfahrungen einer bestimmten Familie, Sippe, Gemeinschaft, also letztlich eines bestimmten Kulturkreises zu den in diesen Kulturkreis hineinwachsenden Kindern. Sie schaffen so eine gemeinsame Plattform von Vertrautem und Bekanntem, von den Mitgliedern dieser Gemeinschaft gestaltetem und innerhalb dieser Gemeinschaft sich ausbreitendem Wissen. Sie wirken daher identitätstiftend und festigen auf diese Weise den Zusammenhalt einer Gemeinschaft.

Mit anderen Worten: Märchen sind auch Kitt für den Zusammenhalt einer Kulturgemeinschaft.

Alles, was die Beziehungsfähigkeit von Kindern – zu sich selbst, zu anderen Menschen, zur Natur und zur Kultur, in der sie leben – verbessert, ist die wichtigste »Entwicklungshilfe«, die wir unseren Kindern bieten können. Indem Kinder mit sich selbst, mit anderen Menschen und dem, was sie umgibt, in Beziehung treten, stellen sie auch in ihrem Gehirn Beziehungen zwischen den dabei aktivierten neuronalen Netzwerken her, erhöhen sie das Ausmaß der Konnektivität. Die Gelegenheiten, bei denen Kindern das gelingt, sind Sternstunden für Kindergehirne.

Auch im gemeinsamen, unbekümmerten und nicht auf das Erreichen eines bestimmten Zieles ausgerichteten Singen erleben Kinder solche Sternstunden. Sie sind Balsam für ihre Seele und Kraftfutter für ihr Gehirn.

In solchen Augenblicken werden in ihrem Gehirn gleichzeitig sehr unterschiedliche Netzwerke aktiviert und miteinander verknüpft. So kommt es beim Singen zu einer Aktivierung emotionaler Zentren und einer gleichzeitigen positiven Bewertung der dadurch ausgelösten Gefühle. Das Singen wird also normalerweise mit einem lustvollen, glücklichen, befreienden emotionalen Zustand verkoppelt (»Singen macht das Herz frei«). Das gemeinsame, freie und lustvolle Singen führt auch zu sozialen Resonanzphänomenen. Die Erfahrung von »sozialer Resonanz« ist eine der wichtigsten Ressourcen für die spätere Bereitschaft, gemeinsam mit anderen Menschen nach Lösungen für schwierige Probleme zu suchen (»wo man singt, da lass' Dich ruhig nieder, böse Menschen haben keine Lieder«). Gemeinsames Singen mit anderen aktiviert auch die Fähigkeit zur »Einstimmung« auf die anderen und schafft so eine emotional positiv besetzte Grundlage für den Erwerb sozialer Kompetenzen (Rücksichtnahme, Einfühlungsvermögen, Selbstdisziplin und Verantwortungsgefühl). Weil das Singen am Anfang immer mit anderen und mit der dabei empfundenen positiven emotionalen Besetzung erfolgt, kommt es zu einer sehr komplexen Kopplung, die später im Leben, auch beim Singen ganz allein für sich, wieder wachgerufen wird (Singen macht froh und verbindet). Beim Singen kommt es individuell zu sehr komplexen Rückkopplungen zwischen erinnerten Mustern (Melodie, Tempo, Takt) und dem zum Singen erforderlichen Aufbau sensomotorischer Muster (Wahrnehmung und Korrektur der eigenen Stimme). Singen ist also ein ideales Training für Selbstreferenz, Selbstkontrolle, Selbststeuerung und Selbstkorrektur. Das gemeinsame Singen erleichtert nicht nur die Integration von Kindern aus anderen Kulturen oder von Behinderten, es ist gelebte Inklusion. Es ist eigenartig, aber aus neurowissenschaftlicher Sicht spricht alles dafür, dass die nutzloseste Leistung, zu der Menschen befähigt sind – und das ist neben dem freien Spielen und dem Märchenerzählen unzweifelhaft das unbekümmerte, absichtslose Singen – den günstigsten Einfluss auf die Entwicklung von Kindergehirnen hat.

In einer vom Effizienzdenken geprägten Ressourcenausnutzungskultur ist es nicht leicht, den Blick auf all diese scheinbar nutzlosen Beschäftigungen zu richten, die Kindern helfen, die in ihnen angelegten Potentiale optimal zu entfalten: gemeinsames Singen, gemeinsam erlebte Märchenstunden, gemeinsames Spielen, sicher auch gemeinsames Tanzen, Musizieren, Malen oder Basteln. Es reicht auch nicht, einfach nur zu beschreiben und zu messen und zu validieren, dass es so ist. Man muss auch erklären können, weshalb es so ist. Zum Glück ist die Erklärung dieses Phänomens ganz einfach: In diesem gemeinsamem Tun erleben die Kinder etwas, was sie nie erleben, wenn sie unterrichtet werden und wir ihnen mit den besten Absichten und den ausgefeiltesten didaktischen Verfahren etwas beizubringen versuchen. Es ist ein glücklicher Zustand, den sie in diesen gemeinsamen Tätigkeiten erleben. Und dieses Gefühl von Glück und Erfüllung entsteht deshalb, weil in diesem gemeinsamen Tun ihr wichtigstes Bedürfnis gestillt wird, nämlich verbunden zu sein und in dieser Verbundenheit doch gleichzeitig auch wachsen, über sich hinauswachsen, autonom und frei werden zu können.

Die Erfahrung, dass beides gleichzeitig geht, dass man in engster Verbundenheit wachsen kann, haben alle Kinder bereits vorgeburtlich und zumindest auch eine Zeitlang nach ihrer Geburt gemacht. Diese Grunderfahrung ist tief in ihrem Gehirn verankert und zu einer Erwartungshaltung verdichtet worden. Deshalb suchen alle Kinder schon gleich nach der Geburt nach Nähe und Verbundenheit. Im Gehirn gibt es dafür ein sogenanntes Bindungssystem, das mit besonderen Botenstoffen arbeitet, den sogenannten Bindungshormonen Oxytocin und Vasopressin. Und es gibt dort ein sogenanntes Neugier- oder Antriebssystem, das als Botenstoffe vor allem Katecholamine ausschüttet.

Wenn Kinder die Erfahrung machen müssen, dass sie entweder nicht die Nähe und Verbundenheit finden, die sie brauchen, oder dass sie nicht ihren autonomen Regungen, ihrer Gestaltungslust und Entdeckerfreude nachgehen können, passiert in ihrem Hirn genau das, was immer im Gehirn passiert, wenn das Gegenteil von dem eintritt, was man erwartet: Verunsicherung, Irritation, Angst.

In der Folge wird dann eine Angst- und Stressreaktion ausgelöst, und die geht im Hirn mit einem Zustand der allgemeinen Übererregung einher. Angesichts dieses Durcheinanders im Kopf vergeht jedem Kind die Lust am Lernen und Entdecken sofort. Es versucht, sich irgendwie zu retten, entweder indem es sich an den Rockzipfel seiner Bindungspersonen klammert oder indem es sich aus allen ihm die Luft zum Atmen raubenden Bindungen herauszuwinden versucht. Lernen kann es in beiden Fällen nichts, und gut geht es ihm dann auch nicht.

Besser würde es jedem Kind gehen, wenn es jemanden fände, der es so annimmt, wie es ist. Ohne irgendwelche Erwartungen und ohne etwas aus ihm machen zu wollen. Jemand, der es einlädt, ermutigt und inspiriert, es doch noch einmal zu versuchen, doch noch einmal zu sehen, ob es geht, ob es nicht doch möglich ist, in engster Verbundenheit über sich hinauswachsen zu können, autonom und frei zu werden. Das kann nur jemand, der dieses Kind wirklich liebt. Das Glück, so bedingungslos geliebt zu werden, haben leider nicht alle Kinder.

Deshalb ist es gut, dass es noch eine andere Beziehungsform gibt, in der wir Menschen uns nicht nur als Kind, sondern ein ganzes Leben lang ebenfalls gleichzeitig verbunden und frei erleben können: Geteilte Aufmerksamkeit, »shared attention«, nennen das die Psychologen. Diesen Zustand erlebt ein Kind immer dann, wenn es zusammen mit seiner Mutter ein Bilderbuch betrachtet, wenn es zusammen mit anderen Kindern einen Turm baut, gemeinsam mit anderen singt, tanzt, musiziert, malt oder etwas bastelt. Immer dann, wenn das geschieht, fühlt sich das Kind in diesem gemeinsamen Tun aufs engste mit allen anderen verbunden. Aber es ist gleichzeitig auch frei und autonom und kann sich mit allem, was es kann und was es interessiert, in dieses gemeinsame Tun einbringen. Dann werden seine beiden Grundbedürfnisse gestillt, dann wächst es in diesem gemeinsamen Tun mit den anderen über sich hinaus. Dann ist ein Kind sogar bereit, seine eigenen augenblicklichen Interessen zurückzustellen, sich anzustrengen, auf die anderen zu achten, sie zu ermutigen und anzuspornen, damit das gemeinsame »Werk« gelingt.

Es wäre für die Potentialentfaltung unserer Kinder die beste Hilfestellung, wenn wir als Erwachsene ihnen möglichst viele

Gelegenheiten böten, diesen Zustand geteilter Aufmerksamkeit zu erleben. Dazu müssten wir mit ihnen gemeinsam beobachten, bauen, entdecken und gestalten, was es in unserer Welt zu entdecken und zu gestalten gibt. Und wir müssten uns gemeinsam mit ihnen um all das kümmern, was unserer Zuwendung bedarf.

Wir könnten unter »Erwachsensein« etwas anderes verstehen

Den meisten Erwachsenen gelingt es selbst nur schwer, ihre beiden Grundbedürfnisse nach Verbundenheit und Autonomie unter einen Hut zu bringen. Viele versuchen, ihr Bedürfnis nach Verbundenheit, Nähe und Geborgenheit zu stillen, indem sie eine Familie gründen. Und ihrem Bedürfnis nach Aufgaben, an denen sie wachsen und über sich hinauswachsen, ihre Potentiale entfalten, autonom und frei werden können, versuchen sie gerecht zu werden, indem sie einen Beruf erlernen, dem sie dann weiter nachgehen und sich dabei mehr oder weniger erfolgreich zeigen können: Geld verdienen, Anerkennung finden, und wenn sie sich besonders anstrengen und Glück haben, auch Karriere machen. Optimal ist diese Zweiteilung nicht, aber anders ist es bisher nicht gegangen. Die Männer befinden sich schon sehr lange in diesem Dilemma. Die Frauen in unserem Kulturkreis sind erst seit wenigen Generationen dabei, sich aus ihrer bisherigen Abhängigkeit und ihrer beruflichen Benachteiligung zu befreien. Sie erlernen inzwischen hochqualifizierte Berufe, stehen dort »ihren Mann«, haben Erfolg, machen Karriere und geraten nun immer stärker selbst genau in dieses Dilemma hinein, in dem die Männer schon so lange gefangen sind. So sind es inzwischen nicht nur die Männer, sondern auch ihre Frauen, die an der Unvereinbarkeit ihres familiären und beruflichen Engagements leiden. Eine Lösung ist nicht in Sicht. Manche Männer, und inzwischen auch immer mehr Frauen versuchen, das Dilemma der Unvereinbarkeit ihrer beiden Grundbedürfnisse zu lösen, indem sie auf eine feste Partnerbeziehung, auf Familie und Elternschaft verzichten. So können sie sich auf die ungehinderte Entfaltung ihrer Potentiale, auf ihre autonome Entwicklung und beruflichen Gestaltungsmöglichkeiten konzentrieren. Dabei bleibt ihr zweites Grundbedürfnis nach Nähe, Verbundenheit und Geborgenheit allerdings meist ungestillt. Für eine gewisse Zeit lässt sich das daraus erwachsende Gefühl der Unzufriedenheit durch berufliche Erfolge, durch Karriere und die Erlangung von Geld, Ansehen und Einfluss kompensieren. Auf Dauer geht das freilich nicht, auch wenn man sich dabei noch so sehr anstrengt. Irgendwann kommt es wieder hoch, dieses Gefühl des Alleinseins, und dann ist es oft für eine Familiengründung bereits zu spät. Es ist ja das Wesen eines Dilemmas, dass es sich nicht lösen lässt, indem man mehr Gewicht auf eine der beiden Seiten legt.

Im Augenblick fällt es noch sehr schwer, sich die Metaebene vorzustellen, die wir finden müssten, um aus dieser Zerrissenheit zwischen beruflicher Entfaltung und familiärer Verbundenheit herauszufinden. Möglicherweise lässt sich dieses Problem künftig dadurch lösen, dass wir, wie bereits erwähnt, ein neues, anderes Verständnis dessen entwickeln, was wir seit dem Beginn der Industrialisierung als »Arbeit« zu betrachten gewohnt sind: Erwerbstätigkeit.

Wir könnten unter »Älterwerden« etwas anderes verstehen

Irgendwann geht aber die Epoche der Erwerbstätigkeit und die Beschäftigung mit dem, was ein Erwachsener bisher für seine »Arbeit« gehalten hat, ohnehin zu Ende. Die Kletterei auf der Karriereleiter ist vorbei. Die Familie ist versorgt. Das Haus ist gebaut. Die Kinder sind ausgeflogen, und andere haben aufgehört, noch viel zu erwarten. Man hat seine Pflicht erfüllt, seine Rolle tapfer zu Ende gespielt, und nun ist man von all diesen Pflichten entbunden. Endlich ist man wieder frei. Vielleicht zum ersten Mal im Leben. Die Realität sieht für die Mehrzahl der aus dem Berufsleben ausscheidenden Personen freilich ganz anders aus: ausschlafen, Zeitung in Ruhe lesen, ordentlich frühstücken, in die Stadt gehen, den Garten bestellen, Freunde besuchen, verreisen, die Briefmarkensammlung neu sortieren, die Rentenunterlagen ordnen, die Kinder besuchen, ins Kino gehen, das Haus reparieren, die Werkstatt aufräumen, das Auto putzen ... Es gibt so viel zu tun, wenn man nicht mehr »arbeiten« muss. Die ersten Monate macht es noch Spaß, danach fängt es an Routine zu werden, und spätestens nach ein paar Jahren wird dieses Leben irgendwie hohl, inhalts- und sinnlos. Dann treten die ersten körperlichen Gebrechen zutage, man wird krank, und irgendwann ist das Leben zu Ende.

Nicht viel besser sieht es für all jene aus, die dem Ende ihrer Berufstätigkeit mit Verunsicherung, bisweilen sogar mit mehr oder weniger offen gezeigter Angst entgegenblicken. Das sind meist die Erfolgreichen, die mit ihrem Beruf Identifizierten, die von ihrer Tätigkeit, ihrer Verantwortung, ihrem Einfluss und ihrem beruflichen Ansehen Getragenen. Ihnen erscheint ihre bevorstehende Pensionierung wie ein schwarzes Loch, in das sie hineinstürzen.

Manche finden sich, wenn es so weit ist, resigniert damit ab und versuchen, das Beste daraus zu machen, etwas freudloser freilich als diejenigen, die wenigstens noch froh waren, als ihre Erwerbstätigkeit zu Ende ging. Aber dafür sind die Beschäftigungen, denen diese beruflich Erfolgreichen jetzt nach ihrer Pensionierung nachgehen, auch etwas attraktiver. Eine Weltreise vielleicht oder ein Jahr im Wohnmobil de luxe durch Europa, Besuche von Ausstellungen, Sammeln von Kunstobjekten, Vorträge halten, Bücher lesen, sich auf der Seniorenuniversität weiterbilden ... Aber irgendwann wird auch das alles zur Routine, die Lust am Leben schwindet dahin und das Ende naht, auch wenn sich die Ärzte noch so viel Mühe geben, es zu verlängern.

Die letzte Gruppe der im Beruf Erfolgreichen verfällt angesichts ihrer bevorstehenden Pensionierung nicht in Passivität, sondern bemüht sich mit aller Kraft darum, irgendwie doch noch so weiterzumachen wie bisher. Als Senior Advisor oder als Mitglied von Aufsichtsräten, Kommissionen oder Stiftungen. Es gibt ja viele Möglichkeiten, seine Expertise, sein Wissen und seine Erfahrungen noch irgendwo einzubringen. Aber auch dieser langsame Abschied aus dem Berufsleben bleibt ein Abstieg.

Deshalb lohnt sich ein Blick auf die seltenen Beispiele des Gelingens. Auf jene Menschen also, die aus der Entbindung von ihren bisherigen Verpflichtungen tatsächlich den Weg in die Freiheit finden, die diese Transformation so bewältigen, dass sie in Verbundenheit weiter wachsen, über sich hinauswachsen können. Solche Menschen sind selten. Was sie auszeichnet, ist etwas, was sie meist schon vorher entwickelt hatten, was sich aber jetzt erst zu voller Blüte entfaltet: Authentizität, Souveränität und Spiritualität. Ihr Geheimnis ist ihre besondere Haltung: Offenheit, Verlässlichkeit, Vertrauen, Dankbarkeit, Bescheidenheit, Achtsamkeit, Zugewandtheit und über allem: Liebe. Diesen durch Erfahrung gereiften Menschen ist das Wohlergehen anderer Menschen wichtiger als ihr eigenes. Das ist der Unterschied.

Wir könnten unter dem, worauf es im Leben ankommt,
etwas anderes verstehen

Wir beginnen unser Leben mit der Erfahrung des allumfassenden Einsseins. Und wir können den Zustand des Getrenntwerdens später nur deshalb empfinden, weil wir den Zustand dieses Einssein am Anfang unseres Lebens bereits kennengelernt haben. Nur weil ein Mensch »weiß«, wie es sein kann, ist er imstande zu bemerken, dass es irgendwann einmal nicht mehr so ist, wie es mal war, nämlich eins zu sein mit sich selbst und der Welt. Diese Grunderfahrung des Einsseins wird also zunächst im eigenen Körper und, wenn es sich so weit entwickelt hat, auch im Gehirn verankert. Später wird sie bei jeder Erfahrung des Getrenntwerdens zwangsläufig als innere Referenz, wie es sein müsste, mit aktiviert. Und damit werden auch die neuronalen Netzwerke, die diese Information tragen, auf jeder Entwicklungsstufe unseres Lebens immer wieder neu stabilisiert.

So trägt also jeder Mensch zeitlebens all das weiter in sich, was er in der Welt, in der er sich zurechtzufinden versucht, nicht leben kann: das kleine Kind, das er einmal war, den weiblichen oder männlichen Anteil, den er abgespalten hat, die Ganzheit, die er in sein Denken und sein Fühlen, in seinen Kopf und seinen Körper zerlegt hat, die Liebe, die er einmal erfahren hat. Erträglich wird ihm dieser Zustand durch bestimmte Vorstellungen, Überzeugungen, Haltungen und Einstellungen, die er im Laufe seines Lebens aufgrund der Erfahrungen, die er beim Versuch, seine Grundbedürfnisse zu stillen, gemacht und in seinem Frontalhirn verankert hat. Sie heißen: »Da muss man durch«, »Da hat man keine Wahl«, »Das geht nicht anders«, »Das hält man aus.«

Um glücklich zu werden, müsste ein solcher Mensch die durch diese negativen Erfahrungen entstandenen Verschaltungsmuster und die von ihnen generierten einengenden Vorstellungen, Überzeugungen, Haltungen und Einstellungen irgendwann wieder auflösen. Das heißt, er müsste genau das loslassen können, was ihn bisher gehalten hat. Beim Sterben geschieht das möglicherweise von ganz allein, weil dann, wenn die Blutversorgung des Gehirns zusammenbricht, das Frontalhirn meist zuerst seine Funktionsfähigkeit verliert. Aus eigener

Kraft und zu Lebzeiten schaffen es allerdings nur sehr wenige Menschen, ihre im Frontalhirn verankerten, ihnen Halt bietenden Vorstellungen, Überzeugungen, Haltungen und Einstellungen loszulassen. Denn das macht Angst, und die ist nur durch ein anderes, gegenteiliges Gefühl zu überwinden: durch vorbehaltlose und allumfassende Liebe. Wenn einem Menschen das gelänge, wäre er mit sich und der Welt versöhnt.

Potentialentfaltung in menschlichen Gemeinschaften

Kein Lebewesen ist ohne andere Lebewesen überlebensfähig. Jedes Tier, jede Pflanze, ja sogar jedes Bakterium verdankt seine Existenz dem Umstand, dass es Eltern gab, die es gezeugt und mit dem zum Überleben Notwendigen ausgestattet haben. Jedes Individuum einer Art ist also immer nur das letzte heute lebende Glied einer langen Kette transgenerational miteinander verbundener Vorfahren. Die Mitglieder einer Art sind also alle miteinander verwandt, sind nur unterschiedlich gewordene Nachfahren der gleichen Vorfahren. Und weil diese am Anfang der Ahnenkette stehenden Vorfahren einer bestimmten Tier- oder Pflanzenart ja selbst auch nur unterschiedlich gewordene Nachfahren von gemeinsamen Vorfahren waren, sind auch die Mitglieder verschiedener Arten über diese gemeinsamen Vorfahren noch immer eng miteinander verbunden. Manche Merkmale teilen sie noch immer miteinander, andere Merkmale sind erst später entstanden, sind also spezifische Merkmale entweder der betreffenden Art, der betreffenden familiären Linie, also der Sippe, oder aber des aus dieser Linie hervorgegangenen Individuums. Die Möglichkeit, dass als gegenwärtige Verkörperung dieser jeweiligen Entwicklungslinien genau dieses Individuum entsteht, was jedes einzelne Lebewesen heute ist, war also von Anfang an bereits in unseren ersten Vorfahren angelegt. Es hat sich erst im Verlauf dieser langen Entwicklungsreihe in dieser Weise entfaltet. Bei uns so, bei anderen Lebewesen anders, je nachdem, welche Voraussetzungen und Möglichkeiten für die eigene Entwicklung innerhalb der jeweiligen Lebenswelt von den jeweiligen Vorfahren bereitgestellt, übernommen und genutzt werden konnten.

Die wichtigste Voraussetzung, die unsere Vorfahren für uns bereitgestellt haben, sind die von ihnen gemeinsam über Generationen hinweg geschaffenen und weitergegebenen Kulturleistungen. Die biologischen Voraussetzungen, also die genetischen Anlagen, die es ermöglichen, diese Kulturleistungen hervorzubringen, haben diese Vorfahren nicht selbst geschaffen. Die haben sie von ihren damals noch ziemlich tierischen Vorfahren übernommen. Dazu zählen vor allem all jene genetischen Anlagen, die die Herausbildung eines enorm plastischen, zeitlebens umbaufähigen Gehirns ermöglichen. So ein Gehirn hatten sie damals auch schon, aber die Erfahrungen, die sie damals in ihren frühen Gemeinschaften machen konnten, waren eben andere Erfahrungen als die, die wir heute in unseren Familien, Kommunen, Ausbildungsstätten, Betrieben und Altersheimen machen. Deshalb haben wir heute auch ein anderes Gehirn. Deshalb denken, fühlen und handeln wir heute anders als sie, und deshalb entfalten wir heute unsere Potentiale anders als sie damals. Aber diese Potentiale konnten damals und können auch heute Menschen nur gemeinsam entfalten. Nicht in Gemeinschaften, die Ameisenstaaten, Herden oder Schwärmen ähneln, sondern in individualisierten Gemeinschaften, in denen es auf jedes einzelne Mitglied ankommt, wo jeder Einzelne die in ihm angelegten besonderen Begabungen entfalten und mit seinen besonderen Fähigkeiten zur Entfaltung der in diesen Gemeinschaften verborgenen Potentiale beitragen kann.

Möglicherweise ist es das Geheimnis solcher individualisierten Potentialentfaltungsgemeinschaften, dass sie eine innere

Organisation entwickeln, die der des menschlichen Gehirns in vieler Hinsicht sehr nahekommt. Tatsächlich funktionieren alle nicht durch Zwänge zusammengehaltenen, entwicklungsfähigen Gemeinschaften so ähnlich wie zeitlebens lernfähige Gehirne: Sie lernen durch Versuch und Irrtum, sie entwickeln flache, stark vernetzte Strukturen, sammeln Erfahrungen und passen ihre innere Organisation immer wieder neu an sich ändernde Rahmenbedingungen an. Durch sich selbst optimierende kommunikative Vernetzungen auf und zwischen den verschiedenen Organisationsebenen gelingt es ihnen, nicht nur möglichst rasch und effizient, sondern auch möglichst umsichtig und nachhaltig auf neue Herausforderungen zu reagieren. Ebenso wie es Gehirne gibt, in denen die Kommunikation zwischen rechter und linker Hemisphäre und zwischen »oben« und »unten« nicht so recht gelingt, gibt es auch Gemeinschaften mit entsprechenden Blockaden, Abspaltungen, Zwangsstrukturen und eingefahrenen Bahnen. Solche Gemeinschaften mögen zwar noch für eine gewisse Zeit überleben; lebendig, flexibel und vor allem kreativ und innovativ sind sie mit Sicherheit nicht.

Und auch in dieser Hinsicht geht es einer menschlichen Gemeinschaft nicht anders als einem Gehirn: Die Vielfalt neuer Ideen, die es hervorbringt, gibt wie ein Seismograph Auskunft über seinen inneren Zustand. Und der ist in allen Gemeinschaften, die nur noch damit beschäftigt sind, ihre bisher entwickelten Strukturen zu erhalten, offenbar genau so schlecht wie der eines Gehirns, dessen Besitzer im Lauf seines Lebens seine ursprüngliche, angeborene Neugier, Begeisterungsfähigkeit und Gestaltungslust verloren hat.

Mit Hilfe der sogenannten bildgebenden Verfahren (funktionelle Magnetresonanztomographie) lässt sich nachweisen, dass im Gehirn eines kreativen Menschen gleichzeitig mehr und entfernter voneinander liegende Netzwerke aktiviert werden, wenn er ein bestimmtes Bild betrachtet, einem Gedanken folgt oder ein Problem löst. Hirntechnisch können kreative Lösungen also nur dann gefunden werden, wenn es einem Menschen gelingt, sehr viele, sehr verschiedene und bisher voneinander getrennt abgelegte Wissens- und Gedächtnisinhalte gleichzeitig wachzurufen und die für die Aktivierung dieser Inhalte erforderlichen regionalen Netzwerke auf eine neue Weise miteinander zu verknüpfen. Kreativ sein heißt also nicht in erster Linie, Neues zu erfinden, sondern das bereits vorhandene, aber bisher voneinander getrennte Wissen auf eine neue Weise miteinander zu verbinden. Wer nicht viel weiß, kann daher nur innerhalb seiner engen Wissensgrenzen kreativ sein.

Für menschliche Gemeinschaften heißt das, dass sie, um ihre Potentiale entfalten und sich weiterentwickeln zu können, auf Begegnungen und Austausch mit anderen Gemeinschaften angewiesen sind.

Solche Begegnungs- und Austauschprozesse sind allerdings oft schwierig, vor allem dann, wenn sich einzelne Gemeinschaften über längere Zeit voneinander getrennt und unabhängig voneinander entwickelt haben und sie dabei eigene, für die jeweilige Gemeinschaft spezifische Muster und Strukturen herausgebildet haben. So verfügt jede Familie, jede Sippe, jede menschliche Gemeinschaft über ein charakteristisches Spektrum an Signalen, Ausdrucksformen, Verhaltensweisen, Regeln und Vorschriften, Einstellungen und Haltungen, Erfahrungen und Überlieferungen, die das Ausmaß und die Art der Beziehungen bestimmen, die die Mitglieder solcher Gemeinschaften untereinander, zu anderen Gemeinschaften, aber auch zu einzelnen Phänomenen ihrer jeweiligen Lebenswelt einzugehen in der Lage sind. Wer nicht in einer solchen Gemeinschaft aufgewachsen ist und all das nicht erlernt hat, gerät in einer ihm fremden Gemeinschaft zwangsläufig in Beziehungsschwierigkeiten. Die können in Extremfällen ein Zusammenleben mit diesen anders sozialisierten Menschen unmöglich machen.

Die Begegnung und ein fruchtbarer Austausch zwischen Mitgliedern derartig unterschiedlicher Kulturgemeinschaften wird – ebenso wie im Gehirn – dann möglich, wenn Probleme entstehen, die nur gemeinsam lösbar sind, oder wenn Aufgaben zu bewältigen sind, die ein Zusammenwirken aller Beteiligten erforderlich machen.

Bisweilen kann eine menschliche Gemeinschaft, ebenso wie ein einzelnes Gehirn, aber so ausgelastet sein, dass alle Drähte im Gehirn in Form von Nervenzellverbindungen und synaptischen Verschaltungen heißlaufen und alle Mitglieder, sprich Nervenzellen, sich bis zur Erschöpfung einsetzen müssen, um alle Aufträge zu erledigen und alle Verpflichtungen zu erfüllen. Für eine kurze Zeit mag das gutgehen, aber auf lange Sicht wird man wohl die Organisation dieser Gemeinschaft verändern müssen. Leider wird aber allzu häufig versucht, die entstandenen Probleme durch Rückgriff auf bisher bewährte Strategien zu lösen und vorhandene Ressourcen noch besser zu nutzen als bisher. Aber überall dort, wo Angst geschürt, Druck gemacht, genau vorgeschrieben und peinlich überprüft und kontrolliert wird, wo Mitdenken nicht wertgeschätzt wird und eigene Verantwortung nicht übernommen werden kann, verliert der Innovationsgeist der Mitglieder einer solchen Gemeinschaft die thermische Strömung, die gebraucht wird, um seine Flügel zu entfalten. Dann kommt es anfänglich noch zu sogenannten Leerlaufhandlungen, die dann zunehmend in Frustrationshaltungen und Resignation übergehen. Dem dopaminergen Neugier-, Antriebs- und Belohnungssystem im Gehirn der Mitglieder einer solchen Gemeinschaft fehlen dann die erforderlichen Wachstumsimpulse und es beginnt zu verkümmern. Ohne entsprechende »Wiedererweckung« ihrer Entdeckerfreude und Gestaltungslust ist von solchen Gemeinschaften nicht mehr viel Kreativität zu erwarten. Man kann aber keinen Menschen motivieren, sein kreatives Potential zu entfalten, man kann ihn dazu nur

WAS KÖNNTE AUS UNS WERDEN?

einladen, ermutigen, vielleicht auch inspirieren. Die Lust, sich einzubringen, mitzudenken und mitzugestalten, lässt sich nicht anordnen oder verordnen, nur wecken. Was man aber schneller und nachhaltiger, als es einem später lieb ist, bewirken kann, ist die Unterdrückung dieser Lust. Das geschieht immer dann, wenn sie frustriert wird – durch einen Mangel an Aufgaben und Verantwortung, durch unzureichende Wertschätzung, durch Verunsicherung, durch Druck und das Schüren von Angst.

In jeder menschlichen Gemeinschaft gibt es etwas, das sie wie ein inneres Band zusammenhält. Wenn dieses innere Band zerreißt, zerfällt die betreffende Gemeinschaft. Dann ist sie keine Gemeinschaft mehr, sondern ein zusammengewürfelter Haufen. Ähnlich wie die im Frontalhirn verankerten inneren Haltungen und Einstellungen – also die Geisteshaltung oder Gesinnung – das Denken, Fühlen und Handeln eines einzelnen Menschen bestimmt, wird all das, wofür sich eine menschliche Gemeinschaft einsetzt, was ihr wichtig und bedeutsam ist, was sie im Innersten zusammenhält, durch etwas bestimmt, das genauso unsichtbar ist wie diese inneren Einstellungen. Wir nennen es den Geist, von dem die betreffende Gemeinschaft getragen ist. Fußballmannschaften brauchen, wenn sie ein Spiel gewinnen wollen, einen Teamgeist, Familien brauchen einen Familiengeist, Schulen einen Schulgeist, Unternehmen einen Unternehmensgeist.

Dieser gemeinsame, den Zusammenhalt einer Gemeinschaft stärkende, die Ziele, für die die Mitglieder dieser Gemeinschaft sich einsetzen, definierende und ihre Beziehungen bestimmende Geist entsteht durch die Erfahrungen, die die Mitglieder einer Gemeinschaft im Verlauf ihrer Entwicklung als Gemeinschaft machen. Die werden oft in Mythen und Sagen, in Geschichten und Erzählungen, in Liedern und Aufzeichnungen festgehalten, später als gemeinsame Wertvorstellungen definiert und in Regeln und Gesetzen festgeschrieben.

Normalerweise wird das Denken, Fühlen und Handeln einer Gemeinschaft durch diesen gemeinsamen Geist so gelenkt, dass die betreffende Gemeinschaft genau das zu leisten und weiterzuführen imstande ist, was sie zusammengeführt hat, aus welchem Grund und zu welchem Zweck sie sich herausgebildet hat. Eine Fußballmannschaft sollte also einen Teamgeist besitzen, der den Spielern hilft, optimal zusammenzuspielen und möglichst viele Fußballspiele zu gewinnen. Ein gemeinsamer Schulgeist sollte Lehrern und Schülern helfen, das zu leisten, wozu die Schule da ist, nämlich die Potentiale der Schüler optimal zu entfalten, sollte sie einladen, ermutigen und inspirieren, sich all das Wissen anzueignen, das sie später im Leben brauchen. Und der gute Geist einer Familie sollte den Zusammenhalt aller Familienmitglieder stärken und der Familie helfen, das zu leisten, wofür sie da ist, also den einzelnen Familienmitgliedern das Gefühl zu vermitteln, dass sie in dieser Familie eng miteinander verbunden sind und ihnen aus dieser Verbundenheit heraus die Kraft erwächst, die es ihnen ermöglicht, ihre Potentiale zu entfalten, zu wachsen und über sich hinauszuwachsen. Menschen, die beispielsweise gemeinsam in einem Krankenhaus tätig sind, müssten vom Chefarzt bis zur Putzfrau davon beseelt sein, alles in ihrer Macht Stehende zu tun, damit die Patienten wieder gesund werden können. Das wäre dann der gute Geist eines Krankenhauses.

Bisweilen kommt es vor, dass die Mitglieder einer menschlichen Gemeinschaft, also einer Familie, einer Schule oder einer Firma sich nicht mehr vorrangig um das kümmern, was ursprünglich Sinn und Zweck der jeweiligen Gemeinschaft war, weshalb sie ursprünglich einmal entstanden ist. Dann verschwindet der gute Geist dieser Gemeinschaft, und an seine Stelle rückt dann ein anderer Geist nach, geradezu als ob er die ganze Zeit nur darauf gewartet hätte, dass er nun die Geschicke dieser betreffenden Gemeinschaft in die Hand nehmen und lenken kann. Manchmal heißt er »Verwaltungsgeist«, ein andermal hat er auch gar keinen Namen. Er fängt dann an, das Klima in der betreffenden Familie, der Schule, des Krankenhauses oder des Betriebes zu bestimmen, und dann machen die Mitglieder der betreffenden Gemeinschaft eben die Erfahrung, dass sie nur noch verwaltet, umhergeschoben und ausgenutzt werden. Und aus den so gemachten Erfahrungen verfestigen sich in ihrem Frontalhirn genau solche Haltungen und inneren Einstellungen, die zu diesem eigenartigen Geist passen, der ihre Familie, Schule oder Firma besetzt hat. Dann ist ihnen das Wohl ihrer Gemeinschaft und das, wofür sie eigentlich da ist, egal, dann versuchen sie vielleicht noch ihre Pflicht zu erfüllen, warten aber die ganze Zeit auf den Feierabend oder die Berentung.

Wenn es eine Gemeinschaft so weit gebracht hat, mag sie vielleicht noch eine Zeitlang überleben. Sie funktioniert dann aber nur noch diesem fremden Geist gemäß und entwickelt sich nicht weiter. Sie kocht im eigenen Saft und ist weit davon entfernt, die in ihr angelegten und in ihren Mitgliedern vorhandenen Potentiale entfalten zu können. Sie wird zu einer Kümmerversion dessen, was sie ursprünglich einmal war und was aus ihr in Zukunft noch hätte werden können.

Unseren Kirchen ist das so gegangen, vielen Krankenhäusern und Schulen auch, sogar den Universitäten und der Armee. Auch Gewerkschaften und Parteien ist ihr jeweiliger guter Geist weitgehend abhanden gekommen.

Dafür entstehen an anderen Stellen in unserer Gesellschaft andere Gemeinschaften. Und die machen sich mit einem erstaunlich starken gemeinsamen Geist und mit sehr viel Dynamik auf den Weg. Die einen wie immer rückwärtsgewandt. Die brauchen uns im Zusammenhang mit Potentialentfaltung nicht weiter zu interessieren. Regressive Entwicklungen haben nichts mit Potentialentfaltung zu tun. Und Potentialentfaltung findet auch niemals dort statt, wo sich die einen auf Kosten anderer Macht und Einfluss verschaffen wollen.

Die anderen sind wesentlich interessanter. Zu ihnen gehören all die vielen jungen Menschen, die ganz selbstverständlich »wir« zu allen anderen Menschen sagen, mit denen sie sich verbunden fühlen, die sich gegenseitig unterstützen und keine Lust mehr darauf haben, irgendwelche Besitztümer zu verteidigen. Sie finden sich in den Foren des »World Wide Web« und in den Kneipen und Cafés um die Ecke. Sie engagieren sich für den Erhalt der Vielfalt kultureller Lebensformen, für den Artenschutz und gegen die Absurditäten unserer gegenwärtigen Verschwendungsgesellschaft.

Sie sind auf vielfache Weise miteinander vernetzt und können, wenn sie wollen, in kürzester Zeit jede neue Information über den ganzen Erdball verbreiten. Sie lassen sich nicht vereinnahmen und sie lassen sich auch nicht kaufen. Manchmal bezeichnet man diese Gemeinschaften als die Bewegung der Kulturell-Kreativen. Der gemeinsame Geist, der sie zusammenhält, ist nicht besonders stark, aber dafür schließt er auch niemanden aus, jeder kann sich mit ihnen verbinden, überall auf unserem Planeten. Sie sind unsere gegenwärtigen Potentialentfalter. Ihnen gehört die Zukunft.

Ausstieg

Die Neurowissenschaft ist mit ihren jüngsten, hier kurz dargestellten Erkenntnissen in einen Bereich vorgestoßen, in dem sie nun selbst mit den Grenzen ihrer bisher vertretenen naturwissenschaftlichen Denkansätze konfrontiert wird. Ihre eigenen Befunde machen deutlich, dass es objektiv nicht möglich ist, die im Gehirn eines Menschen ablaufenden Prozesse, also die dort messbaren neuronalen Aktivierungsmuster zu interpretieren, ohne die Bedeutung der subjektiven Bewertung, der subjektiven Verarbeitung und der subjektiv gemachten Erfahrungen des betreffenden Menschen in die Auswertung der Befunde einzubeziehen. Was objektiv messbar ist, wird also durch die im »Objekt« wirksamen, subjektiven Kräfte und Faktoren erzeugt oder zumindest in einer objektiv nicht kontrollierbaren Weise beeinflusst.

Damit sind die im Gehirn eines anderen Menschen messbaren Prozesse also nicht objektiv, sondern werden subjektiv vom jeweiligen Untersuchungsobjekt – also der Person, die darüber entscheidet, wie sie in dieser Situation ihr Gehirn benutzt – bestimmt und in eine bestimmte Richtung gelenkt.

Doch das ist erst das halbe neue Bild. Im Zusammenhang mit der Frage nach der Objektivität neurowissenschaftlicher Befunde gerät nun auch erstmals all das ins Blickfeld, was sich im Gehirn des Neurobiologen selbst abspielt, der scheinbar objektive Untersuchungen durch den Einsatz objektiver Messverfahren durchzuführen glaubt: Seine bisherigen subjektiven Erfahrungen, seine daraus abgeleiteten subjektiven Annahmen, seine unter Rückgriff auf subjektiv entwickelte Modellvorstellungen und sein gesamtes Repertoire eigener, also ebenfalls subjektiver Überzeugungen, Einstellungen und Erwartungen. Diese subjektiven Faktoren haben einen entscheidenden Einfluss auf die Auswahl der jeweiligen Fragestellung, die er untersucht, auf die Abgrenzung interferierender Variablen, auf die Konzeption und Durchführung der jeweiligen Untersuchung und (leider allzu oft sogar noch) auf die Interpretation der erhobenen Messdaten.

In der modernen neurobiologischen Erkenntnissuche erweist sich deutlicher als in allen anderen naturwissenschaftlichen Disziplinen, dass zwischen Subjekt und Objekt keine klare »objektive« Trennlinie gezogen werden kann. Immer ist der vermeintliche objektive Untersucher auch ein subjektiver Gestalter des zu untersuchenden Objekts, und immer ist das untersuchte Objekt ein Subjekt, das sein Gehirn auf eine bestimmte, ihm eigene Weise benutzt.

Eine zweite Ebene, auf der die bisherigen Vorstellungen vermeintlich klarer Grenzlinien verschwimmen und ineinander fließen, wird offenbar, wenn man die bisherigen Versuche der Neurowissenschaftler betrachtet, das menschliche Gehirn als isoliertes Organ außerhalb des Kontextes zu untersuchen, in dem es sich herausgeformt hat und in den es eingebettet ist.

So ist in den letzten Jahren deutlich geworden, wie eng und untrennbar das Gehirn und der Körper miteinander verbunden und voneinander abhängig sind und sich wechselseitig auf allen Ebenen beeinflussen. Gehirn und Körper bilden eine untrennbare Einheit, und jeder Versuch, das eine zu beschreiben, ohne das andere einzubeziehen, muss daher als unzulässige Reduktion betrachtet werden. Das Gleiche gilt, auch das machen die Erkenntnisse der Neurobiologie deutlich, in gleicher Weise für alle Versuche, das Gehirn eines Menschen außerhalb des sozialen Kontextes zu betrachten, in dem der betreffende Mensch aufgewachsen ist und in dem er lebt.

Dieser soziale Kontext ist immer auch ein historisch gewachsener kultureller Hintergrund, der – auch das zeigen die Erkenntnisse der Hirnforscher – einen entscheidenden Einfluss darauf hat, wie und wofür ein Mensch sein Gehirn benutzt und damit auch nutzungsabhängig strukturiert.

Unser Gehirn ist also in viel stärkerem Maß als bisher angenommen ein soziales, kulturell geformtes Konstrukt. Es wird daher weder in seiner inneren Struktur noch in seiner Funktionsweise zu verstehen sein, solange es isoliert und abgetrennt von den formenden und strukturierenden Einflüssen der sozialen Gemeinschaft betrachtet wird, in der der betreffende Mensch aufgewachsen ist und in der er lebt. Wo also beginnt und wo endet das individuelle Gehirn? Wo ist und wer zieht die Grenze für das, was die Neurobiologie als den eigentlichen Gegenstand ihrer Forschungsbemühungen betrachtet? Haben wir, hat die Naturwissenschaft eine Sprache dafür, mit deren Hilfe sich auf verständliche Weise beschreiben ließe, was auf so untrennbare und komplexe Weise miteinander verbunden und voneinander abhängig ist? Mit den bisherigen linearen und monokausalen Denkmustern und den klassischen naturwissenschaftlichen Beschreibungsformen und -formeln lassen sich derartige, nur ganzheitlich zu begreifende Zusammenhänge nicht mehr erfassen und auch nicht an andere vermitteln.

Die klassische Naturwissenschaft hat damit etwas erreicht, was man ihr noch vor einigen Jahren kaum zugetraut hätte: Sie hat die Grenzen gesprengt, die sie einst selbst ziehen musste, um sich als Naturwissenschaft eine eigene Daseinsberechtigung zu schaffen. Damit ist sie nach der Quantenphysik nun auch auf dem Gebiet der Biologie, speziell im Bereich der Neurobiologie, wo sie sich mit besonders komplexen Phänomenen befasst, an einem Punkt angekommen, den die Mystiker vergangener Zeiten ebenfalls schon erreicht hatten: Bei der Erkenntnis, dass alle beobachtbaren Erscheinungen auf eine Weise miteinander verbunden und voneinander abhängig sind, die sich nicht mehr mit einfachen Worten beschreiben, bestenfalls noch in verschwimmenden Bildern erfassen oder einfach nur noch erspüren lässt.

So kann ich Ihnen zum Schluss dieses Buches nur wünschen, dass es Ihnen gelingt, aus all diesen Erkenntnissen, die ich hier darzustellen versucht habe, diejenigen herauszuspüren, die Ihnen für die Gestaltung Ihres eigenen Lebens tatsächlich in irgendeiner Weise bedeutsam sein könnten.

Oder Sie machen es wie ich. Ich versuche nämlich gerade herauszufinden, welcher Tag der alltäglichste Tag war, den ich in meinem Leben bisher erlebt habe. Er will mir nicht einfallen. Der zweit- und drittalltäglichste auch nicht.

Offenbar leide ich schon an altersbedingtem Gedächtnisschwund, einer senilen Demenz für das Alltägliche. Was für ein Geschenk des Himmels oder meinetwegen auch meines Hirns! Das ist die schönste Krankheit, die ich mir vorstellen kann: sich einfach an all das nicht mehr erinnern zu können, was ganz unwichtig, ganz bedeutungslos, eben ganz alltäglich ist. Am stärksten war ich von dieser senilen Demenz für das Alltägliche befallen, als ich noch ein kleiner Junge war. Seither ist es – dank der eifrigen Bemühungen von aufgeregten, Aufmerksamkeit erheischenden Lehrern, Ausbildern und nicht zuletzt der Medien – damit etwas besser geworden. Jetzt kann ich mich sogar noch einigermaßen an die letzte Sitzungsrunde des Vorbereitungskomitees zur Durchführung der Wahlen zum Betriebsrat erinnern. Der Redner sagte gerade zum siebten Mal: »Jetzt müssen wir also ......« Ich dachte noch: »So oft kann man doch in anderthalb Stunden gar nicht müssen. Oder glaubt der, wir hätten es alle an der Prostata?«

Damals, als ich fünf war, wäre ich einfach aufgestanden und rausgegangen. Damals hätte ich mich auch an rein gar nichts von dieser Sitzung erinnern können. Aber das hatte ich ja schon mit Bedauern festgestellt: Die Demenz für das Alltägliche verschwindet allmählich, je älter man wird. Deshalb braucht man für diese Erkrankung auch keine Pillen zu nehmen, jedenfalls nicht mehr in meinem Alter.

Wenn ich heute aber erst fünf Jahre alt wäre, hätte ich sicher Ritalin bekommen, denn ich hätte den Alltag in der Schule nicht ausgehalten, ohne ihn durch irgendeine verrückte Aktion zu einem besonderen Tag zu machen, einen Tag, an den ich mich auch später noch hätte erinnern können.

Machen Sie was draus! Sie müssen nicht, aber sie könnten, wenn Sie wollten ... An Ihrem Gehirn liegt es jedenfalls nicht, wenn Sie auch in Zukunft glauben, so weitermachen zu müssen wie bisher.

Claus Leggewie
Harald Welzer
Das Ende der Welt, wie wir sie kannten
Klima, Zukunft und die Chancen der Demokratie
Band 18518

Finanz- und Wirtschaftskrise, Klimawandel, schwindende
Ressourcen und der Raubbau an der Zukunft der kommenden Generationen bilden einen sozialen Sprengstoff, der bald
explodieren könnte. Die Autoren analysieren die Auswirkungen der sich auftürmenden Krisen des Kapitalismus und
zeigen, wie die Demokratie in Gefahr gerät, wenn sie keinen
Weg aus der Leitkultur der Verschwendung findet. Das Buch
ist ein leidenschaftliches Plädoyer für eine Erneuerung der
Demokratie von unten und eine Ermunterung für alle
Initiativen, die andere Formen des Wirtschaftens und Lebens
einüben und dabei nicht auf den Fetisch Wachstum, sondern
auf Gerechtigkeit und Nachhaltigkeit setzen.

»In seiner Beharrlichkeit, seinem Realismus
und der Aufforderung zum Handeln, die an jeden
Einzelnen gerichtet ist und sich nicht in abstrakten
Mutmaßungen verliert, gehört ›Das Ende der Welt, wie wir
sie kannten‹ zu den interessantesten Beiträgen, die zuletzt
zur Finanz- und Klimakrise erschienen sind.«
Frankfurter Allgemeine Sonntagszeitung

Fischer Taschenbuch Verlag